Eva Goris

Collection des verlorenen Wissens

Zu diesem Buch:

Wohl jeder hat sich schon einmal gefragt, was für ein duftendes Gewächs das war, das die Großmutter immer aus dem Küchengarten holte und das der Salatsoße diesen unnachahmlichen Geschmack verlieh. Oder wie sie es nur gemacht hat, daß der Marmorkuchen so saftig, der Rinderbraten so lecker wurde. Sie wußte auch, wann die Eisheiligen sind und daß man gut daran tut, Blumen erst nach der »kalten Sophie« einzupflanzen. Oma konnte feierliche Gedichte aufsagen und fröhliche Wanderlieder singen, sie entführte uns in die Wunderwelt der Märchen und kannte die lustigsten Spiele. Wie niemand sonst verstand sie sich darauf, ganz ohne Chemie Erkältungen zu kurieren. Sie wußte um die geheimen Kräfte der Kräuter, und wenn wir vor Liebeskummer schier verzweifeln wollten, hellte sie mit einem Tee aus Johanniskraut unsere Seele wieder auf.

All diese Kenntnisse und Fertigkeiten waren früher ganz selbstverständlich – doch heute drohen sie verlorenzugehen. Für alle, die schmerzlich vermissen, was Oma noch wußte, und die dieses Alltagswissen aus einer vergangenen Zeit bewahren oder sich wieder aneignen wollen, hat Eva Goris die Erfahrungen ihrer eigenen Oma und vieler anderer Großmütter gesammelt. Aber die *Collection des verlorenen Wissens* vermittelt nicht nur nützliches Wissen, sondern stillt zugleich auch unsere Sehnsucht nach einer anderen, bewußteren »Gangart« des Lebens.

Ein liebevoll komponiertes Buch, das seinen Wert nie verliert.

Eva Goris
in Kooperation mit
Claus-Peter Hutter

Collection des verlorenen Wissens

Ein Handbuch
für den Hausgebrauch

DROEMER

Hinweis:

Für dieses Buch ist viel altes Wissen zusammengetragen und festgehalten worden. Auch wenn die vielen Gesprächspartner versicherten, daß ihre Tips bzw. ihre Rezepte mit Sicherheit funktionieren, kann dafür keine Garantie übernommen werden. Jede Leserin, jeder Leser sollte deshalb beim Kurieren kleinerer Beschwerden, beim Entfernen von Flecken, beim Nachkochen von Rezepten und bei all den anderen Empfehlungen eigene Erfahrungen machen. Die Haftung ist ausgeschlossen.

www.wasomanochwusste.de
www.wasopanochwusste.de
Das Forum gegen das Vergessen des Generationenwissens.

Die Folie des Schutzumschlags sowie die Einschweißfolie sind PE-Folien und biologisch abbaubar.
Dieses Buch wurde auf chlor- und säurefreiem Papier gedruckt.

Die Schreibweise in diesem Buch folgt den Regeln der alten Rechtschreibung, wie Oma sie praktiziert hat.
Umschlaggestaltung: ZERO Werbeagentur, München
Umschlagabbildung: Mauritius Images
Illustrationen im Text, S. 77, 92 f., 150, 209–211: Wolfgang Lang, Grafenau
Gestaltung und Herstellung: Josef Gall, Geretsried
Satz: Pinkuin Satz und Datentechnik, Berlin
Druck und Bindung: Ebner & Spiegel, Ulm
Printed in Germany
ISBN-13: 978-3-426-27398-2
ISBN-10: 3-426-27398-5

2 4 5 3

All jenen gewidmet, welche das wertvolle und gleichermaßen praktische Wissen aus Omas Zeit bewahren und als lebendiges Kultur- und Familienerbe an ihre Kinder und Enkel weitergeben wollen.

Inhalt

Einleitung

Sonntagmorgen, 11 Uhr. Wie das duftet! Schon im Hausflur kann man ahnen, welch leckeren Sonntagsbraten Oma wieder gezaubert hat. Das Wasser läuft einem förmlich im Mund zusammen. Omas Braten ist der beste! Dazu die herrlichen Salate mit der frischen, aromatischen Würze aus dem eigenen Kräuterbeet; und dann die selbstgemachten Nudeln …

Ja, so war das damals. Oma zauberte im Handumdrehen die leckersten Gerichte, aber sie konnte und wußte noch vieles mehr: Gegen allerlei Wehwehchen zog sie Heilpflanzen im Garten. Was war das bloß für ein duftendes Gewächs, aus dem Oma Tee kochte, wenn wir Kinder erkältet waren? Sie wußte, wie man Beeren entsaftet und wie man ganz ohne Chemie einfach mit einem Wadenwickel Fieber senkt. Oma konnte feierliche Gedichte aufsagen, fröhliche Wanderlieder singen, spannende Märchen erzählen und – ganz ohne Computer – mit lustigen Spielen die ganze Familie unterhalten. Doch all ihr Wissen, das früher ganz selbstverständlich war, droht heute verlorenzugehen.

Warum wußte Oma soviel? Und warum gelten die Großmütter eigentlich in allen Kulturen der Erde als besonders verehrenswert? Nun, jede Oma war auch mal Mutter, war auch mal Kind und hat, bis sie schließlich Oma wurde, den größten Erfahrungsschatz gesammelt. Einen Erfahrungsschatz, der gerade bei Naturvölkern für das Überleben unabdingbar ist, der aber auch in unserer Gesellschaft nicht verlorengehen sollte. Deshalb haben wir überall im Land Omas besucht, befragt und ihr wertvolles Wissen gesammelt.

All diese Omas waren keine Übermenschen. Sie hatten ihr altes, wertvolles Wissen Stück für Stück von ihren Eltern und Großeltern geerbt. Von Generation zu Generation wurde so praktisches Wissen für den Alltag in den Familien gesammelt, im Lauf der Zeit erweitert und weitergegeben.

Heute jedoch droht das Generationenwissen verlorenzugehen. Was für ein Verlust! Denn Omas Wissen hilft, den Alltag einfacher zu gestalten. Es ist Wissen, das unser Leben bereichert. Wissen, das viel zu schade ist, um es verloren zu geben. Wissen, das wir als lebendiges Kulturerbe an unsere Kinder und Kindeskinder weitergeben sollten. Doch die Erosion des Alltagswissens schreitet in bedrohlichem Umfang voran. Viele Kinder kennen heute mehr Handyklingeltöne als Vogelstimmen. Sie essen zwar Müsli, wissen aber nicht, wie Hafer aussieht. Viele Erwachsene kennen mehr Autotypen und können leichter deren Höchstgeschwindigkeit und den Spritverbrauch hersagen als bewahrenswerte Gedichte von Goethe, Schiller oder anderen Poeten. Viele Menschen wissen nicht mehr, welche Kräuter und Pilze auf den Wiesen und an den Waldrändern wachsen, geschweige denn, welche davon eßbar sind. Was bedeuten die Feiertage? Woher kommen die Namen unserer Wochentage? Wie wird Marmelade eingemacht?

Eigentlich ist es nicht verwunderlich, daß immer mehr ursprüngliches, vererbbares Wissen verlorengeht, schließlich sind heute nur noch knapp zwei Prozent der Bevölkerung im deutschsprachigen Raum direkt oder indirekt in der Land- und Forstwirtschaft tätig. Was diese Menschen durch ihren direkten Kontakt mit der Natur lernen und erfahren, bleibt dem Großteil der Bevölkerung verschlossen und ist als Wissen nicht verfügbar. Wertvolles Basiswissen der Menschheit stirbt damit aus! Wer sich mit dem fast verlorenen Wissen aus Omas Zeit beschäftigt, wird schnell feststellen, daß uns dieses Wissen mehr bedeuten muß als eine nostalgische Rückschau. Es geht um eine Vielzahl ganz praktischer Lösungen für die Bewältigung des Alltags, die heute so modern sind wie damals. Es geht um ein Wissen, das mit sehr viel Freude am Leben und Weisheit verbunden ist.

*

Was man alles wissen sollte, weil es das Leben einfacher und schöner macht oder weil es ganz einfach zu unserem kulturellen Erbe gehört, umfaßt natürlich viel, viel mehr, als in dieses Buch aufgenommen werden konnte. Wissen ist ja immer auch etwas Individuelles, etwas, das sich nicht verallgemeinern läßt. Jeder Mensch verfügt über sein ganz persönliches Wissen, geprägt aus positiven und negativen Erfahrungen, aus Empfindungen, aus Erlerntem und Vererbtem, aus Geliebtem und Verhaßtem, auch aus Selbstentwickeltem. Vergleichen wir den Schatz des Wissens mit allen Geldmünzen der Welt, so hat jeder andere Münzen im Portemonnaie. Aber jeder hat etwas. Und jeder kann seinem Besitz neue Münzen hinzufügen, Wissen erweitern. Neben diesem individuellen Wissen gibt es das kollektive Wissen, das, was man als Wissensschatz einer Gesellschaft, eines Landes, einer Kultur oder der ganzen Welt versteht. Wissen, das immer mehr zunimmt und das längst kein einzelner mehr überblicken kann.

Die Zeiten sind vorbei, als Genies wie Leonardo da Vinci, Isaac Newton, Gottfried Wilhelm Leibniz oder Johann Wolfgang von Goethe noch weitgehend den Überblick über das Wissen ihrer jeweiligen Zeit hatten. Heute sind in einer einzigen Ausgabe der *New York Times* mehr Informationen enthalten, als ein einzelner Mensch um 1900 in seinem ganzen Leben aufgenommen hat. Vieles ist darunter, was wir gar nicht brauchen. Und genau das ist die Gefahr: Angesichts einer immer größeren Wissensflut geht Alltagswissen verloren.

Wo anfangen und wo aufhören? Das war die große Herausforderung bei diesem Buch. Es hätte noch so vieles gegeben, was aufgenommen hätte werden können. Dann wäre es ein mehrbändiges Lexikon geworden und nicht ein »Handbuch für den Hausgebrauch«. Insofern sind die in der *Collection des verlorenen Wissens* versammelten Beiträge als (durchaus subjektive) Auswahl zu verstehen, die wichtiges Grundwissen festhalten und zugleich neugierig darauf machen will, sich noch eingehender mit dem einen oder anderen Thema zu beschäftigen, Wissen in der Familie und bei Freunden zu sammeln, aufzubewahren und vor allem weiterzugeben. Zu diesem Zweck sind am Ende eines jeden Kapitels einige Seiten als Memo-Seiten gestaltet. Jede Leserin und jeder Leser kann die *Collection des verlorenen Wissens* auf diesen Seiten um eigene Beobachtungen, eigene Gedanken und eigenes Wissen ergänzen, jeder kann seine eigene Großmutter befragen und so bewahren, was wir nicht vergessen dürfen:

kostbares Wissen aus unserer Familie. So wird das Buch zum Unikat für einen selbst – oder auch zu einem wertvollen Geschenk für Kinder, Patenkinder, Verwandte und Freunde.

Schönheit und Wohlbefinden

»Nein!« Ungläubig starrt die Kundin den Tiegel an, den die Kosmetikerin ihr verführerisch unter die Nase hält. »249 Euro soll die Anti-Aging-Creme kosten?!« Leicht pikiert blickt die Fachverkäuferin durch ihr Gegenüber hindurch und sagt: »Nach einem Monat liegt die Anti-Faltenwirkung bei 82 Prozent, gnädige Frau!« Die solariumgeröstete Dame hinter dem Hochglanztresen ist nicht mehr zu bremsen. Sie redet von Erneuerung der Hautstruktur, korrigierender und faltenreduzierender Intensivpflege, die gerade die fiesen Mimikfalten einfach mit hochkonzentrierten biopflanzlichen Polyosiden aufpolstert. »Die perfekte Formel für die Bedürfnisse reifer Haut.« Außerdem sei die Anwendung »kinderleicht«: Mit dem Applikator lassen sich die hochwirksamen Aktivstoffe gezielt auf die Problemzone auftragen. »Die Hautstruktur wird erneuert, weil das Serum den Kollagenaufbau in der Haut stimuliert.« Damit nicht genug, sollen die zellaktivierenden Phytohormone vitalisieren, glätten, straffen. »Und schon sieht die Haut wieder viel, viel, viel elastischer aus. Und jünger! Um Jahre jünger.« Aber 249 Euro …?

Unsere Omas haben immer gesagt: Wer schön sein will, muß leiden. Heute heißt das Motto in den Kosmetiktempeln: Wer schön sein will, muß zahlen.

Oma schaute sich früher erst mal in der Küche um, bevor sie in die teure Parfümerie ging. Sie nahm Honig, Joghurt und Quark für die Haut, schnibbelte Gemüse für Gesichtsmasken und wusch sich mit Eigelb und Bier die Haare. Auch Omas Hausmittelchen machen schön. Aber die Wirkstoffe sind nicht ganz ohne. Wer unter Allergien leidet, probiert die Kosmetik aus dem Kühlschrank am besten erst mal in der Armbeuge aus.

Was glättet, was pflegt und reinigt die Haut?

Masken mit Honig
Nach einem langen Arbeitstag sieht die Haut oft grau und müde aus. Die Haut ist so erschöpft wie man selbst. Einfach zwei Eßlöffel Honig mit einem Eßlöffel Mandelöl verrühren und auf der gereinigten Haut leicht einmassieren. Maske nach einer halben Stunde mit warmem Wasser abwaschen.

Maske mit Quark
Um die Poren zu reinigen und die Haut zu straffen, Quark mit Mineralwasser schaumig rühren und auf das Gesicht auftragen. Nach 30 Minuten mit lauwarmem Wasser abwaschen. Glättet die Haut.

Maske mit Erdbeeren
Etwa eine halbe Tasse Sahne mit einem Eßlöffel Honig verrühren, eine Handvoll Erdbeeren zerdrücken und den Brei aufs Gesicht auftragen. Zweimal pro Woche anwenden. Nach kurzer Zeit ist die Haut verjüngt.

Maske mit Pfirsich
Einen Pfirsich halbieren, entkernen und pürieren, das Fleisch mit einem Viertelliter Sahne und drei Teelöffel Honig verrühren. Fördert die Durchblutung der Haut und verjüngt.

Maske mit Orangensaft
Ist die Haut fettig oder unrein, kann man mit Orangensaft und Heilerde eine Reinigungsmaske anrühren: zwei Eßlöffel Heilerde mit dem Saft von drei frischgepreßten Orangen verrühren. Maske etwa 30 Minuten einwirken lassen.

Maske mit Weizen
Vollkornmehl mit Wasser zu einem zähen Brei verrühren und auf Gesicht und Hals auftragen. 30 Minuten einwirken lassen. Die Masse strafft und hat einen sanften Peelingeffekt.

Maske mit Haferflocken
Um müde Haut zu beleben, ein Eigelb mit einem Eßlöffel Honig und einem Eßlöffel Haferflocken zu einer Maske zubereiten. Eine Stunde einwirken lassen. Dann sanft abreiben. Leichter Peelingeffekt.

Was reinigt, was geht unter die Haut?

Unreine oder fettige Haut läßt sich mit einem *Salbeidampfbad* beruhigen. Dazu eine Tasse Salbeiblätter in einem Liter Wasser kurz aufkochen. Den dampfenden Sud in eine Schüssel geben und unter einem Handtuch mindestens 10 Minuten auf die Haut einwirken lassen.

Eischaum erfrischt und strafft: Eiweiß von zwei Eiern steif schlagen, mit einem halben Liter Sahne verquirlen und aufs Gesicht auftragen. Nach 10 Minuten abwaschen.

Noch einfacher wirkt *Joghurt:* auf das Gesicht geben, 20 Minuten warten, dann mit lauwarmem Wasser abwaschen. Beruhigt und glättet die Haut. Man kann den Joghurt auch mit zwei Teelöffel Honig verrühren. Dies kräftigt die Haut.

Ringelblumenhonig ist die perfekte Lippenpflege: spendet Feuchtigkeit.

Zitronenschaum klärt und strafft. Ein Eiweiß steif schlagen und den Saft einer Zitrone mit der Gabel unterheben. Mit einem Pinsel auf das Gesicht auftragen und 10 Minuten einwirken lassen.

Schönes Haar für jeden Typ

Was wirkt gegen Schuppen?

Eigelb mit Zitronensaft verquirlen und in die Kopfhaut einreiben. Gut 10 Minuten einwirken lassen, dann gründlich ausspülen. Regelmäßig angewandt, verschwinden Schuppen.

Brennesselblätter, etwa zwei Hände voll, in einem Liter Korn ansetzen. Nach zwei Monaten ist die Anti-Schuppen-Tinktur fertig. Täglich die Kopfhaut mit dem Schnaps einreiben und anschließend gründlich ausspülen.

Was bringt Glanz und Fülle?

Mandelöl verleiht sprödem, stumpfem, brüchigem Haar wieder Glanz. Das Öl in die Kopfhaut massieren und mindestens 30 Minuten einwirken lassen. Dann mit Kamillentee ausspülen.

Bier als Festiger gleich nach der Wäsche ins Haar massieren und nicht auswaschen. Eine Tasse verleiht dem Haar seidigen Glanz, wirkt wie moderner Schaumfestiger und riecht nicht nach Bier.

Honig mit einem Spritzer Obstessig sorgt für Glanz und Fülle. Einfach einen Teelöffel in einem Viertelliter warmem Wasser auflösen, etwas Obstessig dazugeben und einmassieren. Hat auch festigende Wirkung.

Kamillenblüten (etwa vier Hände voll) mit einem Liter sprudelnd kochendem Wasser übergießen und ziehen lassen. Tee durch ein Sieb gießen und mit dem Saft von zwei Zitronen mischen. Erkalten lassen und einmassieren. Hat bei echten Blondinen leicht aufhellende Wirkung.

Was wirkt gegen schnellfettende Haare?

Salbei mindert das Nachfetten, wenn man zwei Tropfen Salbeiöl mit zwei Eßlöffel Obstessig in einem Liter warmem Wasser verrührt und die Haare nach dem Waschen damit spült.

Zitrone hilft gegen fette Haare. Den Saft von zwei Zitronen in einem Viertelliter Wasser auflösen und die Haare nach dem Waschen damit spülen.

Was wirkt gegen trockene Haare?

Cognac-Shampoo wirkt am besten gegen trockene Haare. Zwei Eigelb und drei 0,2 cl große Gläser mit Weinbrand (40 %) verrühren, bis es schaumig wird. Damit die Haare waschen. Die Menge reicht etwa eine Woche.

Ei-Shampoo macht brüchige, trockene Haare wieder geschmeidig. Ein Eigelb verquirlen, einmassieren und fünf Minuten wirken lassen. Dann ausspülen.

Olivenöl mit einem Eigelb verrühren. Man braucht nur zwei Eßlöffel Öl für eine Anwendung. Ins Haar einreiben und eine Stunde unter einem Handtuch einwirken lassen.

Honig hilft gegen trockene Haare, wenn man zwei Teelöffel Honig mit zwei Eigelb und zwei Teelöffel Olivenöl verrührt. Ins feuchte Haar einmassieren. Eine halbe Stunde unter einem Handtuch einwirken lassen, dann auswaschen.

Hände, Füße, Augen, Mund und Zähne

Was hilft gegen Fußschmerzen, Hühneraugen und Schweißfüße?

Schweißgeruch
... vertreibt Franzbranntwein, wenn die Füße nach dem Fußbad sorgfältig zwischen den Zehen damit eingerieben werden.

Ein Fußbad in einem Sud aus Eichenblättern wirkt ebenfalls gegen Schweißfüße. Dafür einen Topf mit Eichenblättern in zwei Liter Wasser kurz aufkochen. Den erkalteten Sud in warmes Wasser geben und die Füße darin baden.

Hühneraugen
Gegen Hühneraugen hilft eine frische Zwiebel. Eine dicke Scheibe auf das Hühnerauge binden und einwirken lassen, bis die Haut weich ist. Danach ein heißes Fußbad nehmen. Bis sich das

Auge (der Kern des Hühnerauges) löst, wird die Zwiebeltherapie täglich wiederholt.

Auch Zitronensaft löst Hühneraugen, wenn man den Saft auf ein Wattepad träufelt und auf das Hühnerauge bindet. Wie bei der Zwiebel wird die Anwendung so lange wiederholt, bis sich das Auge ablöst.

Ebenfalls hilfreich: eine Tinktur aus Arnika in der Apotheke kaufen und zu gleichen Teilen mit Wasser mischen. Wattebausch eintauchen und über Nacht mit einem Pflaster auf dem Hühnerauge fixieren. Darüber eine dicke Wollsocke ziehen, denn Wärme fördert den Heilvorgang.

Kalte Füße

... werden wieder warm, wenn man ein heißes Bad mit zerdrückten Wacholderbeeren bereitet. Zwei Eßlöffel Beeren reichen. Mit Wacholder muß man vorsichtig sein, wenn man ein Nierenleiden hat oder schwanger ist.

Fußpilz

Gegen Fußpilz mehrmals täglich Obstessig in die betroffenen Stellen (vor allem zwischen die Zehen) einreiben.

Eingewachsene Nägel

... müssen erst weich werden, bevor man sie schneiden kann. Dazu ein Reinigungspad in warmes Olivenöl tunken und über Nacht die betroffene Stelle damit umwickeln.

Trockene Füße

Ein Honigbad aus einer Tasse Honig, einer Tasse warmer Milch und fünf Litern Wasser macht trockene Füße wieder sanft, wenn man sie 10 Minuten darin badet.

Was hilft gegen rauhe Hände?

In der Apotheke *Arnikatinktur und Glyzerin* kaufen und im Verhältnis eins (Arnika) zu zwei (Glyzerin) mischen. Rauhe Hände dick damit eincremen, alte Wollhandschuhe darüberziehen und über Nacht einwirken lassen. Auch Honig (2 Eßlöffel) mit Mandelöl (1 Eßlöffel) hilft gegen rissige Haut.

Um abgestorbene Hautzellen zu entfernen, etwas *Sonnenblumenöl mit Zucker* vermischen, bis eine Paste entsteht. Kräftig in die Hände einmassieren und dann mit warmem Wasser abspülen. Wirkt wie ein Peeling.

Auch *Kaffeepulver* hat einen Peelingeffekt: einfach aus dem Filter auf die Hand und rubbeln. Dann abwaschen und Hände eincremen.

Olivenöl macht rauhe Hände wieder zart, wenn man das Öl im Wasserbad anwärmt und die Hände 15 Minuten darin badet. Eingeölte Hände über Nacht in Handschuhe stecken.

Gegen hartnäckigen Schmutz nach der Gartenarbeit hilft eine *Waschpaste aus Salz mit Spülmittel.*

Bei rauhen Ellbogen oder Knien wirkt *Zitronensaft*. Einfach einreiben.

Was hilft gegen geschwollene, müde Augen?

Müde Augen werden wieder wach, wenn man Wattebäusche, die mit *Rosenwasser* getränkt sind, für 10 Minuten auf die geschlossenen Lider legt.

Auch *Milch* macht die Augen wieder munter. Wattepads in kalte Milch tauchen und für 10 Minuten auf die geschlossenen Lider legen.

Lauwarmer Salbeitee tötet Keime und kann als Augenspülung verwendet werden.

Kartoffelscheiben kühlen entzündete Augen. Einfach die Scheiben einer frischgeschälten Kartoffel aufs Auge legen.

Was tun bei Zahnweh?

Es ist Wochenende. Natürlich! Was tun? Manchmal verschafft es erste Erleichterung, wenn man eine *Gewürznelke* oder ein *Pimentkorn* auf den schmerzenden Zahn legt. Dann das Gewürz zerkauen: Die ätherischen Öle lindern den Schmerz.

Auch *Nelkenöl* hilft. Ein Wattepad damit beträufeln und auf den Zahn legen. Draufbeißen unterstützt die Wirkung. Aber das sind nur Zwischenlösungen zum Lindern des Schmerzes. Das beste ist immer noch: ab zum Zahnarzt!

Was hilft bei Mundgeruch?

Wer unter Mundgeruch leidet, kann mit dem Magen Probleme haben. Oder es liegt am Essen. *Petersilie* hilft gegen Knoblauchausdünstungen. Wer zwischendurch eine *Kaffeebohne* kaut, kann unangenehmen Mundgeruch vermindern. Auch *Anis- und Fenchelsamen* helfen.

Gegen empfindliches Zahnfleisch hilft das Spülen mit *Salzwasser.*

Auch *Salbeiöl* (1 Tropfen), in einem halben Glas Wasser gelöst, wirkt gegen Zahnfleischbluten und empfindliches Zahnfleisch, wenn man damit spült.

Meine Pflegetips

Durch Tag und Jahr

Endlich Freitag, endlich Wochenende, denkt sich so mancher schon am Morgen. Gleitende Arbeitszeit und viele andere Regelungen ermöglichen es vielen Arbeitnehmern, den letzten Arbeitstag der Woche abzukürzen oder freitags gleich ganz freizumachen. Es gibt Radiosender, deren Moderatoren ihren Hörern nur noch von Freizeit, Urlaub und Spaß erzählen und nicht mehr davon, daß man sich all das nur dann leisten kann, wenn die wirtschaftliche Lage stimmt und erst mal entsprechend gearbeitet wird.

So denkt sich so mancher, daß der Freitag eben Freitag heißt, weil man da freihat und ins verlängerte Wochenende starten kann. Aber was bedeutet »Freitag« wirklich? Woher kommen die Namen unserer Wochentage? Was bedeuten unsere Kalendermonate und Feiertage? Die Feiertage werden zwar gerne mitgenommen, aber viele Menschen wissen gar nicht mehr, was da eigentlich gefeiert wird. Zunehmend gerät nicht nur das Wissen über den Kalender, die Sonn- und Feiertage in Vergessenheit, sondern auch die daran gebundenen, über Jahrhunderte von Generation zu Generation weitergegebenen Traditionen. So manches Brauchtum verkommt zur folkloristischen Kulisse und dient nur noch als Touristenattraktion in Urlaubsgebieten. Dabei künden die Namen unserer Monate und Tage und die der Feiertage von einer uralten Kulturgeschichte, die wir nicht vergessen, sondern als wertvolles Erbe wie einen Familienschatz an kommende Generationen weitergeben sollten.

Zeiteinteilungen im Überblick

Tag: beruht auf der Dauer einer Erdumdrehung.
Monat: bezieht sich auf die Dauer der Bewegung des Mondes um die Erde.
Jahr: beruht auf dem Zeitraum der Bewegung der Erde um die Sonne.

Diese Zeiteinheiten bilden die Grundlage unseres Kalenders. Das Wort »Kalender« geht auf *calendarium* zurück, das im Lateinischen das »Schuldbuch« bezeichnete, nach dem die Römer ihre Zinsen an den *calenden,* dem ersten Tag im Monat, zu zahlen hatten.

Was ist ein Jahr, und was bedeuten unsere Monate?

Ein Monat ist der zwölfte Teil des Jahres. Berechnet wird dies nach den Mondumläufen. Der heutige Kalender wurde letztlich aus dem Römischen Kalender heraus entwickelt. Das einfache römische Jahr zählte 304 Tage und war in 10 Monate eingeteilt. Später ging man zu einem Mondkalender mit einem Jahr von 355 Tagen über, die in 12 Monate unterteilt wurden.

45 v. Chr. führte Julius Cäsar auf Empfehlung des Astronomen Sosigenes eine Kalenderreform durch. Somit wurde der Römische Kalender zum Julianischen Kalender, der davon ausging, daß ein Jahr exakt 365,25 Tage dauerte. Weil ein Kalenderjahr eine ganze Anzahl von Tagen haben mußte, wurde es auf 365 Tage angesetzt. Alle vier Jahre erfolgte ein Schalttag als Ausgleich. Doch der Julianische Kalender war nicht ganz genau, denn das tropische Jahr (Mittelwert des Zeitabstands zwischen zwei aufeinanderfolgenden Tagundnachtgleichen im Frühjahr) ist um 11 Minuten und 14 Sekunden kürzer als das julianische Jahr. Dies ergibt eine Verzögerung beim julianischen Jahr von drei Tagen in 400 Jahren gegenüber dem tropischen Jahr.

1582 wurde deshalb durch Papst Gregor XIII. der sogenannte

Gregorianische Kalender eingeführt, wonach der Schalttag zwar weiterhin alle vier Jahre eingeschoben wurde, aber in den durch 100, nicht aber durch 400 teilbaren Jahren gibt es seither keinen Schalttag: So gab es zwar im Jahr 2000 einen 29. Februar, in den Jahren 2100, 2200 und 2300 wird es aber keinen Schalttag geben.

Gleichzeitig wurde der Jahresanfang auf den 1. Januar festgelegt. Diese Wahl des Datums für den Jahresbeginn ist völlig willkürlich, da es keinen besonderen Punkt auf der Erdumlaufbahn gibt, durch den festgelegt werden könnte, wann ein Jahr beginnt und wann es endet.

Der Gregorianische Kalender wurde in den katholischen Gebieten in Deutschland und der Schweiz 1584 und in den protestantischen Gebieten des damaligen Deutschen Reiches im Jahre 1700 eingeführt.

Januar (31 Tage), 1. Monat im Jahr
Abgeleitet vom römischen *Januarius* (Janus gewidmet). Janus war der römische Gott des Tordurchgangs – also des Ein- und Ausgangs –, auch Gott des Anfangs und des Endes (deshalb oft doppelköpfig – »janusköpfig« – dargestellt).

Im Lauf der Jahrhunderte wurden dem Januar viele Beinamen gegeben, u. a. Eismond, Schneemond und Hartung (weil er von allen Monaten derjenige ist, der die härteste Kälte bringt).

Februar (28 bzw. in Schaltjahren 29 Tage), 2. Monat im Jahr
Abgeleitet vom römischen *Februarius,* benannt nach dem altrömischen Reinigungs- und Sühnefest. Auch Hornung genannt, da sich viele Tiere in diesem Monat hörnen.

Weitere Namen: Schmelzmond, Regenmonat, Narrenmond (auf die Fastnacht zurückzuführen).

März (31 Tage), 3. Monat im Jahr
Abgeleitet von *Martius,* d.h. dem römischen Kriegsgott Mars gewidmet. Auch Lenzmond, Frühlingsmonat genannt (21. März: Beginn des Frühlings/Lenz).

April (30 Tage), 4. Monat im Jahr
Abgeleitet vom römischen *aperta* – ein Beiname des Gottes

Apollon. *Aperire* ist auch gleichbedeutend für »öffnen«. Auch als Launing bezeichnet, weil sich das Wetter im April oft von der launischen Seite zeigt.

Mai (31 Tage), 5. Monat im Jahr
Der Name leitet sich von der römischen Wachstumsgöttin Maya ab. In manchen Gegenden volkskundlich auch als Weidemonat bezeichnet, weil in dieser Zeit das Vieh auf Weiden und Almen gebracht wird bzw. wurde. Von Gärtnern auch als Blühmonat bezeichnet.

Juni (30 Tage), 6. Monat im Jahr
Vermutlich der Göttin Juno gewidmet. Brachet und Brachmond genannt, weil in dieser Zeit die Bearbeitung der Bracheäcker begann. Auch als Rosenmonat bezeichnet, weil in dieser Zeit die ersten Rosen ihre Blüten entfalten.

Juli (31 Tage), 7. Monat im Jahr
Benannt nach Julius Cäsar. Je nach Region auch Heuert, Heumond oder Heumonat genannt, weil in dieser Zeit in der Regel die Heuernte anfiel. In manchen Gegenden auch Beerenmonat, Honigmonat oder Erntemonat genannt. Im Römischen Kalender war es der 5. Monat des Jahres.

August (31 Tage), 8. Monat im Jahr
Der Name ist auf den römischen Kaiser Augustus zurückzuführen. Mitunter auch Ährenmonat, Ernting oder Sichelmond genannt, weil im August das Getreide geerntet wurde. Wegen der Klimaverschiebung und weil andere Getreidesorten angebaut werden, findet heute die Getreideernte meist früher statt.

September (30 Tage), 9. Monat im Jahr
Der Name ist vom lateinischen *septem* – sieben – abgeleitet, da der September im Römischen Kalender der 7. Monat im Jahr war. In manchen Gegenden auch volkskundlich Scheidling genannt, da im September sowohl die Sonnenkraft als auch der Sommer dahinscheiden.

Oktober (31 Tage), 10. Monat im Jahr
Der Name ist aus dem lateinischen *octo* – acht – abgeleitet, denn nach dem Römischen Kalender war er der 8. Monat im Jahr. Der Oktober wurde auch Gilbhardt genannt, weil sich in dieser Zeit die Blätter färben, also gelb werden bzw. zu gilben beginnen. Die Benennung als Weinmonat liegt ebenfalls nahe, weil meist im Oktober die Weinlese erfolgt.

November (30 Tage), 11. Monat im Jahr
Der Name ist ebenfalls aus dem Lateinischen abgeleitet. Dabei steht *novem* für neun, da dieser Monat im alten Römischen Kalender an der 9. Stelle des Jahres stand. Früher auch als Nebelmond, Wolfmond und Schlachtmonat bezeichnet.

Dezember (31 Tage), 12. Monat im Jahr
Die Bezeichnung ist vom lateinischen Wort *decem* abgeleitet, weil beim alten Römischen Kalender der Dezember der 10. Monat im Jahr war.

Was bedeuten unsere Wochentage?

Die Babylonier waren wohl die erste Kultur, in der es die Woche als Zeiteinteilung gab. Im Abendland hielt sie in den ersten Jahrhunderten unserer christlichen Zeitrechnung Einzug, und im Jahr 321 n. Chr. führte Konstantin d. Gr. sie im griechischen und lateinischen Gebiet ein.

Die Einteilung in sieben Tage hat ihren Ursprung in den Mondphasen. Ein Mondumlauf dauert 29,5 Tage. Damit kommt die Einteilung in viermal sieben Tage dem Zeitabstand am nächsten, in dem die Mondphasen wechseln: Neumond, zunehmender Halbmond, Vollmond, abnehmender Halbmond im letzten Viertel.

Die Zahl sieben steht vermutlich auch mit den seit der Antike bekannten sieben wandernden Himmelskörpern im Zusammenhang, denen sieben Gottheiten entsprechen. Dies zeigt auch die schon im 1. Jh. n. Chr. eingeführte Benennung, von der sich auch unsere heutigen Namen für die Wochentage ableiten (in den germanischen Sprachen, wie z.B. im Altenglischen, z.T. durch germanische Gottheiten ersetzt):

- *Dies Lunae*: Tag des Mondes (Monday/Montag)
- *Dies Martis*: Tag des Mars/bei den Germanen der Kriegsgott Tiu (Tuesday/Dienstag)
- *Dies Mercurii*: Tag des Merkur/bei den Germanen Wotan, der Gott der Schlachten, der Weisheit und der Magie (Wednesday/Mittwoch)
- *Dies Jovis*: Tag des Jupiter/bei den Germanen Thor bzw. Donar, Herr des Donners und Gewitters (Thursday/Donnerstag)
- *Dies Veneris*: Tag der Venus/bei den Germanen Freija, die Göttin der Fruchtbarkeit und der Liebe (Friday/Freitag)
- *Dies Saturnii*: Tag des Saturn (Saturday/Samstag). Für den sechsten Tag der Woche ist diese Bezeichnung vor allem in Westdeutschland, Süddeutschland, Österreich und der Schweiz vorherrschend, während er in anderen deutschsprachigen Gebieten als Sonnabend bezeichnet wird. »Sonnabend« stammt aus dem Mittelhochdeutschen und steht für den Vorabend vor Sonntag.
- *Dies Solis*: Tag der Sonne (Sunday/Sonntag). In christianisierter Form: *Dies Dominica*: Tag des Herrn.

Unsere wichtigsten festen religiösen Feiertage und Brauchtumstage

1. Januar: Neujahr (gesetzlicher Feiertag)
Der 1. Januar wurde seit Ende des 17. Jahrhunderts allgemein als Jahresanfang gewählt. Es ist schon lange Brauch, ihn in Gesellschaft zu feiern.

14. Februar: Valentinstag
Namensgeber ist der heilige Valentin von Terni, Patron der Liebenden und auch der Bienenzüchter.

19. März: St.-Josefs-Tag
St. Josef gilt als Schutzpatron der Zimmerleute und Tischler. Der

Sage nach schlug St. Josef an diesem Tag einen glühenden Holzpfahl in die Erde; dies gilt als Sinnbild für die nun wärmere Jahreszeit. Wenn der 19. auf einen Sonntag fällt, wird der Feiertag auf den 18. vorgezogen.

25. März: Mariä Verkündigung
Sofern der Feiertag auf einen Sonntag fällt, wird er auf den 24. vorgezogen; fällt auf den 2. Montag nach Ostern, wenn Ostern vor dem 2. April ist (nur im Gregorianischen Kalender).

1. Mai: Tag der Arbeit (gesetzlicher Feiertag)
Im Brauchtum wird die Nacht vom 30. April auf den 1. Mai vielerorts mit einem Tanz in den Mai gefeiert, in manchen Gegenden werden Maibäume aufgestellt, und die sogenannte Freinacht lädt zu allerhand Schabernack ein. Als »Kampftag der Arbeiterbewegung« hat der 1. Mai seinen Ursprung in dem Aufruf zum Generalstreik, mit dem die US-Arbeiterbewegung 1886 den Achtstundentag durchsetzen wollte.

4. Mai: St.-Florians-Tag
Im römischen Heer war der heilige Florian ein Hauptmann. Als heimlicher Christ kam er bei der Christenverfolgung ums Leben. Er gilt als Schutzpatron der Feuerwehrleute.

12.–15. Mai: die vier Eisheiligen
Als »Eisheilige« gelten »die kalte Sophie« sowie Pankratius, Servatius und Bonifatius. Sie werden auch »die Gestrengen« genannt und symbolisieren Frostgefahr. Deshalb bringen Gartenbesitzer ihre nicht winterharten Blumen erst nach den Eisheiligen auf Balkon, Terrasse und im Garten aus.

21. Juni: Sommersonnwende
Der längste Tag im Jahr. In vielen Gemeinden werden sogenannte Johannifeuer entfacht. Der Sage nach treiben in der Johanninacht oft Elfen und Zwerge ihr Unwesen. Einem alten Glauben zufolge wird derjenige von Krankheit gereinigt, der durch das Johannifeuer springt. Die Bezeichnung geht auf Johannes den Täufer zurück.

27. Juni: Siebenschläfer

Einer Legende zufolge wurden versehentlich sieben junge Männer, die während einer Christenverfolgung im Jahre 251 in einer Höhle bei Ephesus Schutz suchten, eingemauert. Als man 200 Jahre später die Höhle öffnete, seien sie wieder erwacht und waren bis zu ihrem Tod mit einem Heiligenschein umgeben.

29. Juni: Peter und Paul

Benannt nach Peter und Paul als die Weltherren.

22. Juli: Maria Magdalena

Einer mittelalterlichen Legende zufolge war sie eine der eifrigsten Jüngerinnen von Jesus. Sie benetzte seine Füße mit Tränen, trocknete sie mit ihren Haaren und salbte sie. Maria Magdalena gilt als Patronin der gefallenen Mädchen, der Friseure und der Haare.

15. August: Mariä Aufnahme in den Himmel (volkstümlich: Mariä Himmelfahrt)

Dieser Festtag ist das älteste Marienfest der Welt. Der Feiertag wird vor allem in Bayern und im Saarland sowie in Österreich und der Schweiz begangen. Apostel fanden der Legende nach bei der Graböffnung statt des Leichnams von Maria nur noch Kräuter und Blumen vor, welche einen angenehmen Duft verströmten. Deshalb werden in manchen Gegenden an diesem Tag Kräuterweihen durchgeführt.

24. August: St.-Barthel-Tag

Dem heiligen Bartholomäus – Patron der Fischer – gewidmet. An diesem Tag geht der Tradition nach die Schon- und Laichzeit der Fische zu Ende. Manche Fischereizünfte feiern dies heute noch mit großen Fischessen.

15. September: Ludmilla-Tag, auch Großer-Schwendt-Tag genannt

Als Schwendt-Tag galt ein Tag, an dem nichts unternommen werden sollte.

16. Oktober: St.-Gallus-Tag
Einst im dörflichen Leben Stichtag für den Winteranfang. Erst nach St. Gallus wurde mit der Schlachtung begonnen, weil dann die Temperaturen kühl genug waren, um das Fleisch lange genießbar zu halten.

31. Oktober: Reformationstag
Das Reformationsfest wird zum Gedenken an den Thesenanschlag von Martin Luther gefeiert (1517). Heute ist der Reformationstag noch in Brandenburg, Mecklenburg-Vorpommern, Sachsen, Sachsen-Anhalt und Thüringen gesetzlicher Feiertag.

1. November: Allerheiligen
Der Feiertag wurde von Papst Gregor IV. eingeführt (835 n.Chr.). Er erinnert an alle Märtyrer, Heiligen und Seligen. An diesem Tag werden die Gräber feierlich geschmückt.

2. November: Allerseelen
Dem Gedächtnis aller verstorbenen Gläubigen gewidmet.

3. November: Hubertustag
Nach einer Legende hat der heilige Hubertus an einem Feiertag gejagt. Da erschien ihm ein weißer Hirsch mit einem goldenen Kreuz zwischen dem Geweih. Angesichts dieser Erscheinung kehrte Hubertus unverrichteterdinge wieder heim und wandte sich dem geistlichen Leben zu. Später wurde er Bischof von Lüttich. Ihm zu Ehren werden an seinem Gedächtnistag in manchen Gegenden noch immer Hubertusjagden abgehalten.

11. November: St. Martin
Martin von Tours – ein römischer Soldat – teilte seinen Mantel mit einem frierenden Bettler, worauf ihm in der folgenden Nacht Jesus, mit diesem Mantel bekleidet, erschienen sein soll. Einer der bekanntesten Heiligen. Die Geschichte wird in vielen Gegenden jedes Jahr bei einem Laternenumzug nachgespielt und ist ein großer Festtag für die Kinder.

8. Dezember: Mariä Empfängnis
Bezieht sich nicht darauf, daß Maria Jesus jungfräulich emp-

fangen habe, sondern darauf, daß »die seligste Jungfrau Maria im ersten Augenblick ihrer Empfängnis durch ein einzigartiges Gnadenprivileg des allmächtigen Gottes (...) von jedem Schaden der Erbsünde unversehrt bewahrt«, also im Unterschied zu allen anderen Menschen nicht mit dem Makel der Erbsünde geboren wurde, wie Papst Pius IX. 1854 erklärte.

25. Dezember: Weihnachten (gesetzlicher Feiertag)
Fest der Geburt Jesu. Dieses wurde ursprünglich am 6. Januar gefeiert; seit dem 4. Jh. am 25. Dezember. Es wird im Zusammenhang mit der Wintersonnwende gesehen, die auf das mit Christus anbrechende Weltenlicht gedeutet worden ist. Die zahlreichen Weihnachtsbräuche gehen letztlich auf altrömisches und auch altgermanisches Brauchtum zurück. Dazu gehören etwa die Lichtbräuche (Weihnachtskerzen), die Festspeisen, die Geschenke usw.

31. Dezember: Silvester
Dieser Feiertag ist nach dem Heiligen des 31. Dezember, Silvester, benannt. Silvester war Papst von 314 bis 335. Der Legende nach hat er Kaiser Konstantin I. vom Aussatz geheilt und getauft.

Die wichtigsten beweglichen kirchlichen Feiertage

Die beweglichen christlichen Feiertage richten sich nach dem Kirchenjahr, das sich am Osterfest orientiert. Ostern wird am Sonntag nach dem ersten Frühlingsvollmond gefeiert. Es handelt sich um den Sonntag, der auf die 14. Nacht der Mondphase folgt, die auf den 21. März fällt oder sofort folgt. Ostern kann somit frühestens auf den 22. März und spätestens auf den 25. April fallen. Die Regelung orientiert sich am Gregorianischen Kalender.

Bei der Festlegung des entsprechenden Datums des Vollmondes wird nicht nach der tatsächlichen Dauer jeder Mondphase vorgegangen, sondern es wird im allgemeinen nach den Regeln des Berechnungsschemas ermittelt. Somit kann das Osterfest auch ein bis drei Tage vom tatsächlichen Datum des Vollmonds abweichen.

Das Osterfest bis zum Jahr 2040:

2007: 8. April	2019: 21. April	2031: 13. April
2008: 23. März	2020: 12. April	2032: 28. März
2009: 12. April	2021: 4. April	2033: 17. April
2010: 4. April	2022: 17. April	2034: 9. April
2011: 24. April	2023: 9. April	2035: 25. März
2012: 8. April	2024: 31. März	2036: 13. April
2013: 31. März	2025: 20. April	2037: 5. April
2014: 20. April	2026: 5. April	2038: 25. April
2015: 5. April	2027: 28. März	2039: 10. April
2016: 27. März	2028: 16. April	2040: 1. April
2017: 16. April	2029: 1. April	
2018: 1. April	2030: 21. April	

Aschermittwoch
Der Name bezieht sich auf den Brauch, die Asche von Palmzweigen des *Palmsonntags* des Vorjahres zu segnen und den Gläubigen mit dieser Asche ein Kreuz auf die Stirn zu zeichnen. Markiert den Beginn der 40tägigen Fastenzeit, mit der an die 40 Tage erinnert werden soll, die Jesus in der Wüste verbracht hat. Da die Sonntage vom Fasten ausgenommen sind, umfaßt die Fastenzeit insgesamt 46 Kalendertage und dauert bis Karsamstag. Das Datum wechselt jedes Jahr, weil es vom Termin des Ostersonntags abhängig ist, und kann zwischen dem 4. Februar und dem 10. März liegen.

1. Fastensonntag
42 Tage vor Ostern: zwischen 8. Februar und 14. März. Seit der Synode von Benevent (1091) werden die Sonntage nicht mehr zur Fastenzeit dazugerechnet.

Palmsonntag
An diesem Tag feiern die Christen den Einzug von Jesus von Nazareth in Jerusalem. Beginn der Karwoche. In vielen Gemeinden wird der Tag mit Gottesdiensten gefeiert.

Karwoche

Gründonnerstag, Karfreitag, Karsamstag: 3 bis null Tage vor Ostern: zwischen 19. März und 24. April. Der Name ist abgeleitet vom althochdeutschen *cara*, »Klage«. Es handelt sich um die heilige, stille Woche zwischen Palmsonntag und Ostern, die dem Gedächtnis an das Leiden Christi gewidmet ist.

Ostern (gesetzliche Feiertage)

Sonntags: zwischen 22. März und 25. April. Das älteste und wichtigste christliche Fest (wird seit dem 2. Jh. jährlich gefeiert). Im christlichen Glauben Fest der Auferstehung von Christus: Am *Karfreitag* starb Jesus am Kreuz, am *Ostersonntag,* dem dritten Tag nach seinem Tod, stand er von den Toten wieder auf. Alle beweglichen christlichen Feiertage werden vom Ostersonntag aus berechnet (siehe dazu oben, S. 33). Das Osterbrauchtum – Osterhase, Ostereier, Osterfeuer – wird zum großen Teil auf vorchristliche Bräuche zurückgeführt und überdeckt im Bewußtsein der meisten Menschen die christliche Bedeutung dieses Festes.

Christi Himmelfahrt

Am 40. Tag der Osterzeit, donnerstags: zwischen 30. April und 3. Juni. Gedenken an die Himmelfahrt Christi. Vor allem Feiertag in den katholischen Gebieten Deutschlands sowie in Österreich und der Schweiz.

Pfingsten (Sonntag, der 50. Tag nach Ostern): zwischen 10. Mai und 13. Juni

Pfingsten wird seit dem 3. Jh. gefeiert und markiert 50 Tage nach Ostern und 10 Tage nach Christi Himmelfahrt den Abschluß der Osterzeit. Das Pfingstfest ist als Erinnerung an die Herabkunft des Heiligen Geistes auf die in Jerusalem versammelten Apostel zu verstehen. Offizielle Gründung der Kirche. Der Name ist aus dem Griechischen *pentekoste* (= 50) abgeleitet.

Trinitatis

1. Sonntag nach Pfingsten, 56 Tage nach Ostern: zwischen 17. Mai und 20. Juni. Der Name stammt aus dem Lateinischen und bedeutet »Dreifaltigkeitsfest«. In der evangelischen Kirche wer-

den die Sonntage nach Trinitatis bis Advent gezählt, und entsprechend wird das Kirchenjahr gestaltet.

Fronleichnam
Donnerstag, 60 Tage nach Ostern: zwischen 21. Mai und 24. Juni. Der Name stammt aus dem Mittelhochdeutschen und ist auf *Vrôn Lîchnam* zurückzuführen, was »Leib des Herrn« bedeutet. Der lateinische Name heißt *corpus Christi* und bedeutet »in der geweihten Hostie anwesender Leib Christi«. Es handelt sich um eines der bedeutendsten Kirchenfeste im römisch-katholischen Glauben. Fronleichnam wurde erstmals 1246 in Lüttich gefeiert. Für die römisch-katholische Kirche wurde es von Papst Urban IV. 1264 eingeführt. An Fronleichnam werden in Verbindung mit der Eucharistiefeier (aus dem Griechischen = »Danksagung«, bezieht sich auf das dankend entgegengenommene Heilige Abendmahl) Prozessionen abgehalten.
Feiertag in Baden-Württemberg, Bayern, Hessen, Nordrhein-Westfalen, Rheinland-Pfalz, im Saarland, in Sachsen und Thüringen sowie in Österreich und der Schweiz.

Herz-Jesu-Fest
Freitag, 68 Tage nach Ostern: zwischen 29. Mai und 2. Juli. In der katholischen Kirche Fest am 3. Freitag nach Pfingsten als Sinnbild der göttlichen Liebe und zur Verehrung der in Jesus Christus offenbarten göttlichen Zeichen.

Buß- und Bettag
In Deutschland am Mittwoch vor dem letzten Sonntag des Kirchenjahres, in der Schweiz am dritten Sonntag im September. Der Buß- und Bettag wurde 1852 erstmals vorgeschlagen und 1934 von der evangelischen Kirche in Deutschland allgemein eingeführt. 1995 wurde er in den meisten Bundesländern als gesetzlicher Feiertag abgeschafft.

Totensonntag
Letzter Sonntag des evangelischen Kirchenjahres: zwischen 20. und 26. November. Wird seit 1816 als evangelischer Toten-Gedenktag gefeiert; auch als »Ewigkeitssonntag« bezeichnet. Der Totensonntag ist dem Gedächtnis des Jüngsten Gerichts gewidmet.

Christkönigssonntag
Der letzte Sonntag des katholischen Kirchenjahres.

1. Adventssonntag
Am 1. Adventssonntag (zwischen 27. November und 3. Dezember) beginnt das Kirchenjahr. *Advent* ist Lateinisch und bedeutet »Ankommen/Ankunft«; gemeint ist die »Ankunft« von Christus, d. h. seine Geburt. Der Advent wird an den vier Sonntagen vor Weihnachten begangen.

Dreikönigstag
Am 6. Januar oder an dem Sonntag zwischen dem 2. und 8. Januar. Das Fest der Heiligen Drei Könige ist ein katholischer Feiertag und wird »Erscheinung des Herrn« genannt, in der evangelischen Kirche »Epiphanias«. Vor allem in Süddeutschland und Österreich gefeiert und den Heiligen Drei Königen Caspar, Melchior und Balthasar gewidmet, die – dem Stern folgend – nach Bethlehem reisten, um dem neugeborenen Christuskind ihre Aufwartung zu machen.

Anstand und gutes Benehmen

»Maaahlzeit ...!« dröhnt Jürgen. Alle Gäste im Restaurant schweigen betreten. Dann stopft er die Papierserviette in den Hemdkragen, stützt die Ellbogen auf dem Tisch ab und hält das Messer wie eine Waffe in der linken Hand. Damit er nicht auf die Hose kleckert, beugt Jürgen sich weit über den Teller und schaufelt mit der Gabel wie bei einem Wettessen alles in sich hinein. Zwischendurch greift er über den Tisch, um an den Salzstreuer zu gelangen. Dann schneuzt er in die Papierserviette und schreit durch das ganze Lokal: »Ober, zahlen!«

Kennen Sie den Mann? Menschen wie Jürgen essen überall: Sie schlürfen die Suppe, bestreichen das Brot auf dem kleinen Teller wie ein Pausenbrot dick mit Butter (gutes Benehmen wäre, ein Stück Brot abzubrechen und nur das abgebrochene Stückchen zu bestreichen) und wickeln ihre Spaghetti auf dem Löffel um die Gabel oder – viel schlimmer – schneiden sie mit dem Messer klein. (Wer um gute Tischsitten weiß, wickelt die Spaghetti vornehm am Tellerrand auf.)

Doch wenn es um Wein geht, wird Jürgen plötzlich wach. Eine Faustregel ist hängengeblieben: weißer Wein zu Fisch, roter Wein zu rotem Fleisch. Doch Jürgen irrt: Die Regel ist heute längst überholt.

Dabei wären Anstand und gutes Benehmen so leicht zu lernen: aus Büchern, in Seminaren – und von Oma! Viele junge Leute stehen heute auf Omas Umgangsformen, Stil und Etikette sind wieder angesagt. Aber wer zeigt einem heutzutage noch, wie man sich richtig benimmt?

Die 25 wichtigsten Regeln des guten Benehmens

1. Wer stellt wen vor?
Sie gehen gemeinsam spazieren und treffen Ihren Chef. Wer stellt wen vor?

Grundsätzlich gilt: Der Jüngere wird dem Älteren, der Rangniedrigere dem Ranghöheren, der Herr der Dame vorgestellt. Sie stellen also dem Chef Ihren Ehemann bzw. Ihre Ehefrau vor.

2. Wer grüßt wen zuerst?
Wer allein auf eine Gruppe zukommt oder einen Raum betritt, grüßt zuerst. Ist der Vorgesetzte im Raum, wird er zuerst gegrüßt. Dem Ranghöheren reicht man nicht zuerst die Hand. Wenn er höflich nickt, wird brav zurückgenickt. Nur wenn er die Hand reicht, darf man zugreifen. Aber nicht zu fest!

3. Muß man Visitenkarten lesen?
... wenn man sie bekommen hat? Man sollte jedenfalls so tun. Sie einfach wegzustecken, gilt als unhöflich. Der Gast übergibt seine Karte zuerst. Auch hier geht es nach Hierarchie: Der Ranghöhere erhält zuerst eine Visitenkarte.

4. Wer bietet wem das Du an?
Darf ich meinem Chef das Du anbieten, weil ich älter bin als er? Nein, nur der Ranghöhere darf das Du anbieten.

5. Soll man zur Begrüßung aufstehen?
Sie sitzen am Tisch, als ein Gast hinzukommt. Müssen Sie zur Begrüßung aufstehen, obwohl Sie eine Frau sind? Ja, wer begrüßt wird, steht auf. Unabhängig vom Geschlecht.

6. Wie faßt man das Weinglas an?
Weingläser werden generell nicht am Kelch, sondern am Stiel angefaßt. So vermeidet man fettige Fingerabdrücke. Außerdem wird der Weißwein sonst zu warm.

7. Prostet man sich noch zu?
... und stößt mit den Gläsern an? Anstoßen und Zuprosten sind out! Man hebt die Gläser leicht in Richtung Gegenüber und nickt sich vornehm zu. Falls überhaupt, ist Anstoßen nur bei Wein, Champagner oder Sekt üblich.

8. Wer geht vor?
Betritt die Frau das Restaurant als erste? Nein, der Mann geht vor. Beim Verlassen des Restaurants ist es umgekehrt. Er hält ihr die Tür auf.

9. Bringt man Blumen mit?
Darüber freuen sich die Gastgeber sicher. Es muß jedoch nicht zwingend sein. Bei manchen Leuten gilt es sogar als höflicher, sich erst nach der Einladung mit Blumen zu bedanken. Wenn Sie Blumen mitbringen, überreicht der Mann den Strauß. Und zwar der Gastgeberin. Die Blumen werden nie im Papier überreicht. Sie sollten aber mit einer kleinen Begleitkarte versehen sein.

10. Wie benutzt man Besteck?
Immer von außen nach innen. Die Regel gilt auch für Gläser. Nie den Mund zum Löffel, sondern den Löffel zum Mund führen.

11. Wohin mit der Serviette?
Stopft man sich die Serviette in den Ausschnitt oder an den Hemdkragen? Nein, während des Essens bleibt sie – einmal in der Mitte gefaltet – auf dem Schoß liegen. Wenn sie im Restaurant zu Boden gerutscht ist, nicht aufheben. Man bittet die Bedienung höflich um eine neue Serviette. Nach dem Essen wird die Serviette keinesfalls auf den Teller gelegt. Sie gehört locker zusammengelegt links neben den Teller.

12. Ist der Handkuß heute noch zeitgemäß?
Nein, Handküsse sterben mit der Generation von Johannes Heesters aus!

13. Wie reagiert man auf Komplimente?
Mit einem schlichten »Danke« oder »vielen Dank«. Komplimente werden weder verneint noch kommentiert.

14. Wann kann man ein Essen verlassen?
... ohne unhöflich zu sein? Bei einem gesetzten Essen erst nach dem Kaffee. Und zwar still und unauffällig. Man muß sich nur vom Gastgeber verabschieden.

15. Muß man Scampi mit Messer und Gabel essen?
Wenn ein Schälchen mit Zitronenwasser (Fingerbowl) auf dem Tisch steht, darf man die Finger nehmen. Sonst gilt: Kopf abschneiden, Panzer vorsichtig mit dem Messer hochhebeln und das Fleisch herausheben.

Spareribs, Artischocken und Wachteln werden mit den Fingern gegessen.

16. Was tun, wenn man plötzlich eine Gräte im Mund hat?
Die Gräte möglichst »sauber« wieder aus dem Mund auf die Gabel geben und dann auf dem Teller unter einem Salatblatt verstecken. Niemals in die Serviette geben oder mit den Fingern aus dem Mund holen.

17. Muß man am kalten Büfett eine Speisefolge einhalten?
Ja. Die Reihenfolge ist: Vorspeise, Suppe, Zwischengericht, Hauptgang, Käse, Dessert. Man nimmt immer einen neuen Teller, mischt nie kalte mit warmen Speisen, Fisch und Fleisch, Süßes und Salziges.

18. Darf man einen Gang auslassen?
Es ist höflicher, von allem zu probieren.

19. Was macht man mit Dessertlöffel und -gabel?
Wenn der Löffel rechts neben dem Dessertteller liegt, wird er hauptsächlich benutzt. Die Gabel dient lediglich zum Fixieren der Nachspeise.

20. Müssen Männer aufstehen, wenn eine Frau den Tisch kurz verläßt?
All das Aufhebens kann unangenehm sein, aber Männer müssen aufstehen, wenn eine Dame sich vom Tisch erhebt. Man vermeidet Aufsehen, wenn man als Dame die unmittelbaren Nachbarn bittet: »Behalten Sie Platz, ich komme gleich zurück ...«

21. Adel verpflichtet
... doch wie spricht man Prinzen und Grafen korrekt an? Nur Angestellte sagen »Frau Gräfin«. Zeitgemäß ist ein angemessenes »Gräfin«, obwohl auf der Visitenkarte vielleicht »Annabell Gräfin von Hohentaufstein« oder ähnliches steht.

22. Darf man bei Stehempfängen seinen Gesprächspartner stehenlassen?
Häufiger Wechsel von Gesprächspartnern ist bei Stehempfängen sogar gewollt. Man sollte sich allerdings einen galanten Satz für den Abgang paratlegen wie: »Oh, ich sehe da gerade eine liebe Freundin – wir sehen uns sicher später noch einmal ...«

Generell sollte man nicht in Gruppen hereinplatzen, die in ein Gespräch vertieft sind. Auch Sätze wie »Ich komme sofort wieder« sind unpassend, wenn man es nicht wirklich vorhat.

23. Nennt man bei der Vorstellung seinen akademischen Titel?
Es gilt als unbescheiden und stillos, mit dem Doktortitel hausieren zu gehen. Ein guter Gastgeber erwähnt nebenbei, daß zu Ihrem Namen ein akademischer Grad gehört, indem er es unauffällig einfließen läßt: »Der Professor hat neulich bei einer Vorlesung ...«

24. Darf man rauchen?
Nie während der Menüfolge zwischen den Gängen. Und niemals, ohne vorher die anderen Gäste zu fragen, ob sie sich gestört fühlen.

25. Darf das Handy eingeschaltet sein?
Nein. Wer einen wichtigen Anruf erwartet, muß bei Restaurantbesuchen, privaten Einladungen oder anderen Terminen das Telefon auf Vibrationsalarm stellen. Generell gilt: abschalten!

Kochen mit Genuß

Die Freunde waren gerade aus dem Urlaub zurück, als wir überraschend vor der Haustür standen. Wir kamen von einer Radtour: verschwitzt, frohgelaunt und bärenhungrig.

»Bei uns im Kühlschrank ist leider Ebbe«, sagte Anna und zuckte mit den Schultern. Im Gefrierfach lag ein festgefrorenes Magnum-Eis, im Gemüsefach klapperte ein Glas mit sauren Gurken gegen die Plastikwand.

Entschuldigend blickte sie ihren Mann an. »Günter hat vor dem Urlaub vergessen, unseren Vorrat an Fertiggerichten für die Mikrowelle aufzufüllen. Sorry, aber wir haben nichts zu essen im Haus ...«

Dann entdeckten wir einen Sack Kartoffeln und ein paar Zwiebeln in der Vorratskammer. Spontan beschlossen wir: »Dann machen wir eben Bratkartoffeln!«

Bratkartoffeln? Unsere jungen, kochunerfahrenen Freunde schauten ratlos drein. »Um ehrlich zu sein – wir wissen nicht, wie man die macht. Wir machen immer nur Pellkartoffeln.«

Also haben wir Pellkartoffeln gekocht, sie geschält und ein wenig abkühlen lassen. Dann wurden die Kartoffeln in dünne Scheiben geschnitten und zusammen mit Zwiebelringen in heißem Pflanzenöl in der Pfanne goldgelb gebraten. Salz und Pfeffer darüber – fertig! Dazu gab es die sauren Gurken aus dem Kühlschrank und die Schinkenwurst aus der Dose, die sich ebenfalls in der Vorratskammer fand.

Unsere Freunde gestanden: »Das waren die besten Bratkartoffeln, die wir seit unserer Kindheit gegessen haben.«

Wir leben in einer verarmten Essenszeit: Tüte aufreißen, Pulver anrühren, rein in die Mikrowelle. Wo bleibt die Lust am Essen? Genuß und Spaß bei der Zubereitung werden der scheinbaren

Zeitersparnis geopfert. Wenn wir uns alles von der Industrie vorkochen lassen, geht viel wertvolles Wissen rund um Lebensmittel verloren. Außerdem führen industriell verarbeitete Nahrungsmittel zu einem immer größeren Preisdruck auf die Bauern. Die sind dann gezwungen, intensiver zu wirtschaften, was wiederum den Böden und dem Grundwasser schadet und vielen bedrohten Tier- und Pflanzenarten den Lebensraum nimmt.

Oma wußte noch, wie man Marmelade und Käse macht. Sie kannte den Unterschied zwischen Hefeteig und Mürbteig und konnte Pilze sammeln und zubereiten, ohne das Leben ihrer Familie aufs Spiel zu setzen.

Wie ernähre ich mich und meine Familie richtig?

- Jeden Tag viel trinken; vor allem Wasser (am besten normales Trinkwasser aus dem Wasserhahn), mindestens 1,5 bis 2 Liter pro Tag. Kaffee, koffeinhaltige Tees, Alkohol und Cola-Getränke nur in Maßen.
- Abwechslungsreich kochen.
- Speisen möglichst frisch zubereiten und frische, regional erzeugte und chemisch unbelastete Zutaten (Biolebensmittel) aus heimischem Anbau verwenden.
- Viel Getreide und Getreideprodukte wie Brot, Nudeln, Reis sowie Kartoffeln und viel regionales Obst und Gemüse als Hauptbestandteile des täglichen Essens, nicht zuviel Fleisch und Wurstwaren (2- bis 3mal die Woche), mindestens einmal Fisch. Fettreduziert kochen, gesunde Öle und Fette verwenden (z. B. Olivenöl, Sonnenblumenöl, Distelöl, Butterschmalz).
- Nur wenig Süßwaren. Zuviel Zucker meiden.
- Fertigprodukte (wegen künstlicher Aromastoffe, Haltbarkeitsmitteln usw.) ebenso meiden wie Junk food (Chips, Schokoriegel usw.).
- Die Deutsche Gesellschaft für Ernährung (DGE) empfiehlt, die Einkäufe für das Essen an der Lebensmittelpyramide auszurichten (www.dge.de) – siehe nächste Seite.

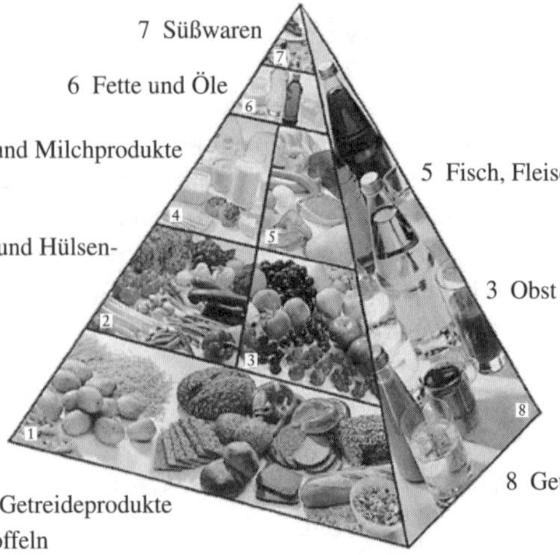

Apfelgelee, Marmorkuchen und Wiener Schnitzel: Omas beste Rezepte

Weil die Regale im Supermarkt mit immer mehr Fertig- und Halbfertigprodukten gefüllt sind, geraten die verschiedenen – und gar nicht so schwierigen – Möglichkeiten der leckeren Zubereitung von Speisen zusehends in Vergessenheit. Schon gibt es in so mancher Wohnung in den USA keine Küche mehr, sondern nur ein Mikrowellengerät im Kingsize-Format. Dabei ist es eigentlich ganz einfach, etwas zu essen zuzubereiten, es macht Spaß und läßt uns eigene Kreativität entwickeln und zeigen. Wer sein Essen selber kocht, kann immer wieder neue Geschmackserlebnisse entdecken.

Aber Selbstgemachtes schmeckt nicht nur besser, sondern ist auch preiswerter. Denn umgerechnet sind die Fertigprodukte – ob fertige Kuchen, Tiefkühlpizzas, Nudelsoßen, Fertigsalate usw. – viel zu teuer! Warum also Geld verschenken?

Das einzige, was Fertigprodukte nun wirklich als Vorteil haben, ist die schnelle Zubereitung. Doch von zu vielen Fertigprodukten ist ganz schnell auch die Gesundheit im Eimer, und die sollte uns teuer sein.

Eine kleine Übersicht über die verschiedenen Arten, Nahrungsmittel zuzubereiten:

- *Backen:* Garung von Teigen in trockener Hitze
- *Überbacken:* Garung von (Nudel-)Aufläufen und anderen Speisen im Backofen
- *Fritieren:* Herausbacken von Speisen im schwimmenden Fett
- *Grillen:* Garen der Speisen auf einem Rost über offener Glut oder mit speziellen Grillgeräten
- *Schmoren:* Anbraten der Speise in heißem Fett, dann Garen in der Soße (Schmorbraten)
- *Kochen:* Garen von Speisen in viel Flüssigkeit
- *Braten:* Bräunung durch starke Hitze mit sehr heißem Fett
- *Dämpfen:* Garung des Essens im Dampf
- *Dünsten:* Garung in zerlassenem, nicht allzuheißem Fett und/oder im eigenen Saft

Wie macht man eine Brühe?

Eine Grundlage für viele Suppen, Salate und andere leckere Speisen sind Gemüse- und Fleischbrühen. Man kann sie auf Vorrat herstellen, einfrieren oder eindünsten (einwecken) und ist so bestens für das Kochen gerüstet.

Wie macht man eine Gemüsebrühe?

ZUTATEN FÜR 4 PERSONEN:
1 Stück Lauch
2–3 Karotten
1–2 Zwiebeln
etwas Sellerie (ca. 1/4 Knolle)
1 Petersilienwurzel
1 Stück Blumenkohl
etwas Selleriekraut
(wahlweise können auch Petersilie, Kohlrabi und eine Kartoffel genommen werden)
2 l Wasser

etwas Butter (ca. 1 Eßlöffel)
1 Eßlöffel Salz

ZUBEREITUNG:
Sämtliche Zutaten sauber putzen, waschen, zerkleinern, leicht in Fett andünsten. Mit dem Wasser ablöschen, salzen und langsam ca. 1 Std. kochen.

Wie macht man eine Fleischbrühe?

ZUTATEN FÜR 4 PERSONEN:
500g Rindfleisch
  (etwa vom Bug, Brustkern, oberes
  oder unteres Schwanzstück)
einige Suppenknochen
evtl. etwas Leber
1 Stück Lauch
2–3 Karotten
1–2 Zwiebeln
1 Tomate
1/4 Sellerieknolle
2,5 l Wasser
ca. 1 Teelöffel Salz
etwas Muskatnuß
1 kleines Bund Petersilie

ZUBEREITUNG:
Suppengemüse (ohne Petersilie) sauber putzen, waschen und zerkleinern und zusammen mit dem ebenfalls gewaschenen Fleisch, den gewaschenen Knochen und den Gewürzen 2 1/2–3 Stunden langsam kochen (Deckel auf den Topf); Petersilie nur kurz am Ende mitkochen.

In Abänderung läßt sich so auch eine frische *Hühnerbrühe* herstellen. Natürlich kann man auch eine kombinierte Fleisch-Gemüse-Brühe herstellen. Der Phantasie sind da keine Grenzen gesetzt!

Wie macht man eine Nudelsuppe?

ZUTATEN FÜR 4 PERSONEN:
ca. 1,5 l Gemüse-, Fleisch- oder Hühnerbrühe
ca. 100 g Suppennudeln
Salz
frischer Schnittlauch

ZUBEREITUNG:
Brühe kochen, mit etwas Salz würzen, Suppennudeln einstreuen. Ca. 5–10 Minuten kochen. Mit feingeschnittenem, frischem Schnittlauch anrichten.

Statt Nudeln kann man auch in Streifen geschnittene Pfannkuchen, Reis, Haferflocken, Grieß, Fleischklößchen und viele andere Zutaten (auch kombiniert) in die klare Suppe geben.

Wie macht man einen Rinderbraten?

ZUTATEN FÜR 4 PERSONEN:
ca. 1 kg Fleisch von Keule, Oberschale, Kamm oder Kleiner Nuß
Salz und Pfeffer
ca. 1 Eßlöffel Butterfett oder Sonnenblumenöl
1–2 große Zwiebeln
Wurzelgemüse (ca. 2 Karotten, Lauch, 1/4 Sellerieknolle)
1–2 Tomaten oder Tomatenmark
ca. 1 Teelöffel Mehl
oder entsprechende Speisestärke (aus Kartoffeln)
1 Lorbeerblatt
etwas Sahne

ZUBEREITUNG FÜR 4 PERSONEN:
Fleisch waschen und ggf. klopfen, mit Salz und Pfeffer gut einreiben, in heißem Fett braun anbraten, Fleisch herausnehmen, Zwiebel anbraten, das gewaschene und zerkleinerte Gemüse mit den Tomaten beigeben und ebenfalls leicht anbraten. Mit etwas Mehl bestäuben und dann mit Wasser ablöschen. Das Lorbeerblatt und das Fleisch wieder zugeben; 2–2 1/2 Stunden sanft garen und öfters mit der entstehenden Soße begießen. Am Schluß mit Sahne verfeinern.

Garzeit im gedeckelten Bräter oder offen im Backofen (dann noch öfter das Fleisch begießen) ca. 2 Stunden.

Dazu passen Spätzle, Nudeln, Knödel, Kartoffeln, Gemüse oder Salate.

Wie macht man einen Burgunderbraten?

In Abwandlung eines *Rinderbratens* (siehe Grundrezept S. 47) läßt sich auch ein herrlicher Burgunderbraten (für den man selbstverständlich nicht nur Burgunderwein, sondern auch einen gehaltvollen Lemberger, einen Schwarzriesling, eine Rotwein-Cuvée oder, wenn es noch etwas feiner sein soll, einen Barolo, einen Barbaresco, einen Bordeaux oder andere kräftige Weine nehmen kann) herstellen. Man legt das Fleisch zur Beize in den Wein ein, mit dem dann nach dem Anbraten abgelöscht wird.

BEIZE:
Wurzelgemüse
1–2 Lorbeerblätter
Pfefferkörner
2 Gewürznelken
Wein

Das sauber gewaschene geklopfte Fleisch wird in eine enge Schüssel oder in einen Steinguttopf gelegt. Das Fleisch soll gerade noch bedeckt sein. Vor dem Braten ca. 1–2 Tage einlegen.

Wie macht man einen Sauerbraten?

Zubereitung wie *Rinderbraten* (siehe Grundrezept S. 47), jedoch zuvor das Fleisch 1–2 Tage in eine Beize aus mit Wasser verdünntem Essig, Zwiebeln, Wurzelgemüse, Pfefferkörnern, 1–2 Lorbeerblättern und 1–2 Gewürznelken einlegen.

Wie macht man Rindsrouladen?

ZUTATEN FÜR 4 PERSONEN:
4 Scheiben Rindsroulade (je ca. 150–200 g)
(Fleisch aus der Keule, gut abgelagertes Rindfleisch)

Salz
Pfeffer
Senf
4–8 Scheiben dünner, geräucherter Speck oder,
je nach Geschmacksvorliebe, gekochter Schinken
2–3 Essiggurken
etwas Mehl
2 Zwiebeln
1/2 l Gemüse- oder Fleischbrühe
ca. 1/8–1/4 l trockener, gehaltvoller Rotwein
ca. 2 Teelöffel Stärkemehl
etwas Sahne

ZUBEREITUNG:
Die Rouladen waschen und abtrocknen, mit Salz und Pfeffer leicht einreiben, auf einer Seite mit dem Senf bestreichen. Speck entweder in Würfel schneiden oder am Stück auf die Rouladen legen, Essiggurken in kleine Stücke schneiden und auflegen, Fleischscheiben von beiden Längsseiten her einschlagen (damit die Füllung drinbleibt), aufrollen und mit einer Fleischnadel oder einem Schaschlikspieß zustecken oder alternativ mit einem Bindfaden umwickeln. Außen nochmals evtl. mit Salz und Pfeffer würzen, leicht in Mehl wenden.

Zusammen mit den in Scheiben geschnittenen Zwiebeln ringsum kräftig anbraten. Mit der Fleisch- oder Gemüsebrühe und dem Wein ablöschen, ca. 1 1/2–2 Stunden schmoren lassen. Ab und zu Brühe nachgießen. Anschließend Soße mit Mehl oder Speisestärke nach Belieben abbinden. Evtl. mit Sahne verfeinern und nach Bedarf würzen.

Je nach regionalen Kochsitten werden die Rindfleischscheiben auch mit einem Hackfleischteig bestrichen.

Als Beilagen eignen sich Nudeln, Spätzle, Kartoffeln, Knödel oder Kartoffelbrei, Gemüse und Salate.

Wie macht man einen Kalbsbraten?

Kalbfleisch ist zart, feinfaserig und hat wenig Fett. Wegen des zarteren Muskelgewebes ist eine kürzere Zubereitungszeit erforderlich.

ZUTATEN FÜR 4 PERSONEN:
ca. 1 kg Kalbfleisch von der Keule, der Schale oder vom Bug
Zutaten wie Rinderbraten
evtl. 1–2 Blätter Salbei
und je nach Geschmacksvorlieben zusätzlich zu Salz und Pfeffer noch etwas Paprika
Wasser und Gemüse- oder Fleischbrühe

ZUBEREITUNG:
Wie *Rinderbraten* (siehe Grundrezept S. 47), allerdings nur ca. 1 Stunde Brat- bzw. Schmorzeit.

Wie macht man Wiener Schnitzel?

ZUTATEN FÜR 4 PERSONEN:
4 Kalbsschnitzel (aus der Keule)
Salz und Pfeffer
Mehl
1 Ei
Semmelbrösel
ca. 50 g Fett
Zitronenscheiben
Petersilie

ZUBEREITUNG:
Fleisch klopfen, salzen und pfeffern, in Mehl wenden, dann in verquirltem Ei wenden, danach in den Semmelbröseln wenden, in sehr heißem Fett von beiden Seiten knusprig braun braten (je nach Dicke des Fleisches insgesamt 10–15 Minuten) und nicht ablöschen! Mit Zitronenscheiben und Petersilie garnieren.

Als Beilagen eignen sich Kartoffelsalat, Gemüse, Blattsalate, Pommes frites etc.

Wie macht man einen Schweinebraten?

ZUTATEN FÜR 4 PERSONEN:
ca. 1 kg Schweinefleisch (z. B. von der Keule oder Schulter)
1 Eßlöffel Senf
Wurzelgemüse (1–2 Zwiebeln, 1–2 Karotten)

1 Bund Suppengrün
1 Tomate
Wasser
1 Lorbeerblatt
1 Teelöffel Salz
Pfeffer nach Belieben und/oder Paprika
etwas Mehl oder Speisestärke

ZUBEREITUNG:
Fleisch waschen, abtrocknen, mit Senf einreiben (darauf kann natürlich auch verzichtet werden). Mit etwas heißem Fett anbraten, das gewaschene und zerkleinerte Suppengemüse und die Tomate zugeben, nach und nach mit Wasser ablöschen, das Lorbeerblatt zugeben, mit Salz und Pfeffer oder Paprika würzen, entweder offen im Backofen oder zugedeckt im Bräter unter wiederholtem Begießen ca. 1–1 1/2 Stunden sanft köcheln. Die Soße mit Mehl oder Speisestärke abbinden.

Als Beilage eignen sich Semmelknödel, Kartoffelklöße, Salzkartoffeln, Kartoffelbrei, Nudeln, Gemüse, diverse Salate, Rotkohl, Rosenkohl, Krautsalat (mit Rauchspeckwürfeln und etwas Kümmel angerichtet), Weißkohl.

Wie macht man Schweinefilets (früher auch als Schweinelendchen bezeichnet)?

ZUTATEN FÜR 4 PERSONEN:
1–2 Schweinefilets
Salz und Pfeffer
1 Zwiebel
1 Eßlöffel Butterschmalz (oder vergleichbares Fett)
etwas Mehl
Wasser

ZUBEREITUNG:
Fleisch mit Salz und Pfeffer einreiben, zusammen mit der in Scheiben geschnittenen Zwiebel in heißem Fett auf allen Seiten anbraten, Mehl kurz mitbräunen, mit etwas Wasser ablöschen. Dann das Fleisch zugedeckt ca. 20–30 Minuten schmoren.

Beilage: Kartoffeln, Reis, Spätzle oder Nudeln, Gemüse, Salate.

Wie macht man Frikadellen/Fleischküchlein/ Buletten/Fleischpflanzerl?

ZUTATEN FÜR 4 PERSONEN:
1 altbackenes Brötchen
1 Zwiebel
Petersilie
500 g Hackfleisch (halb Rind, halb Schwein)
Salz und Pfeffer
etwas Muskat
1 Ei
etwas Semmelbrösel oder Mehl

ZUBEREITUNG:
Das alte Brötchen auseinanderbrechen, in Wasser einweichen, ausdrücken (alternativ alte Brötchen reiben und mit etwas Milch anfeuchten). Zwiebel und Petersilie fein schneiden und in Fett andünsten (ohne Bräunen). Hackfleisch, Brötchen, Gewürze und Ei gut durchmengen; je nach geschmacklichen Vorlieben vielleicht noch etwas zerkleinerten gerauchten Schinken zugeben. Mit Hilfe von Mehl oder Semmelbröseln Bällchen formen und in sehr heißem Fett durchbraten (ca. 15–20 Minuten).

Selbstverständlich variieren die Rezepte von Gegend zu Gegend, und es sind vielerlei Varianten denkbar.

Wie macht man Kartoffelbrei?

ZUTATEN FÜR 4 PERSONEN:
1 kg Kartoffeln
ca. 1/2 l Milch
ca. 2 Eßlöffel Butter oder Margarine
1 Teelöffel Salz

ZUBEREITUNG:
Kartoffeln in der Schale kochen, schälen, solange sie noch heiß sind, und anschließend gleich durch die Kartoffelpresse drücken oder mit dem Kartoffelstampfer zerdrücken. Milch kochen und die Butter oder Margarine, Salz und die gepreßten Kartoffeln zugeben und zu einem Brei rühren, bis dieser locker bzw. schaumig ist.

Wie macht man Bratkartoffeln?

ZUTATEN FÜR 4 PERSONEN:
ca. 1 kg Kartoffeln
1–2 Zwiebeln
etwas Fett (Butter, Margarine, Sonnenblumenöl,
Olivenöl o. ä.)
Salz und Pfeffer

ZUBEREITUNG:
Kartoffeln in der Schale kochen und schälen (es können auch schon vom Vortag gekochte Kartoffeln genommen werden). Kartoffeln in Scheiben schneiden. Zwiebeln würfeln oder in dünne Scheiben schneiden, im heißen Fett anbraten, dann die Kartoffelscheiben dazugeben und etwas salzen. Nach einiger Zeit wenden. Je nach Geschmack goldgelb oder knusprig braun braten. Je nach Geschmacksvorlieben mit Pfeffer, Currypulver, Paprika usw. würzen.

Als Beilagen eignen sich alle Arten von Würsten, Kraut, Rostbraten, Fleischküchle (Fleischpflanzerl/Buletten/Frikadellen), Hackbraten etc. sowie diverse Gemüse und Salate.

Wie macht man Spätzle?

ZUTATEN FÜR 4 PERSONEN:
500 g Mehl
2 Teelöffel Salz
5 Eier
ca. 125 ml Wasser

ZUBEREITUNG:
Mehl, Salz, Eier und ca. die Hälfte vom Wasser in eine Schüssel geben und mit dem Rührlöffel oder mit dem elektrischen Rührgerät (Knethaken) zu einem festen Teig schlagen, in den man nach und nach das restliche Wasser gibt. Der Teig ist dann fertig, wenn sich beim Kneten Blasen bilden. (Wenn man die Spätzle vom Brett schaben will, muß der Teig etwas flüssiger sein, d. h., man braucht zusätzlich noch etwa 25–50 ml Wasser.)

Teig portionsweise in eine Spätzlepresse geben und in kochendes Salzwasser drücken. Die Spätzle sollten ca. 3 Minuten kochen, dann mit einem Schaumlöffel herausholen und kurz unter heißem Wasser abspülen (die Spätzle sind fertig, wenn sie im Wasser oben schwimmen). Dann in eine Schüssel geben, mit einem Deckel zudecken und die nächste Portion kochen, bis der Teig aufgebraucht ist.

Wenn man keine Spätzlepresse hat, kann man die Spätzle auch von einem Brett schaben. Dazu streicht man eine Portion Teig dünn auf ein kleines Holzbrett und schabt mit einem Messer kleine längliche Teigstücke vom Brettrand in das kochende Salzwasser.

Wie macht man Maultaschen?

ZUTATEN FÜR ETWA 4–8 PERSONEN:
Für den Nudelteig:
500 g Mehl
4 Eier
4 halbe Eierschalen Wasser
1 Teelöffel Salz

Für die Füllung (reicht für doppelte Menge Nudelteig, kann auch gut eingefroren werden):
1 Lauch (nur den weißen Teil) oder/und Spinat
2 Zwiebeln
2 Bund Petersilie
etwas Butter oder Margarine
500 g feines Bratwurstbrät
8 Brötchen (vom Vortag): 4 kleinschneiden oder reiben,
4 in kaltem Wasser einweichen und ausdrücken
5 Eier
Muskat, Pfeffer, Salz

ZUBEREITUNG:
Für den Nudelteig die Zutaten in eine Schüssel geben und mit dem Rührgerät (Knethaken) zu einem festen Teig verarbeiten. Mit den Händen zu einer Kugel formen und bis zur weiteren Verwendung in Folie gewickelt zur Seite legen.

Für die Füllung den Lauch (es eignet sich statt dessen oder

zusätzlich auch Spinat), Zwiebeln und Petersilie putzen und in kleine Stücke schneiden. Mit etwas Butter oder Margarine andünsten.

Bratwurstbrät, Brötchen und Eier in eine Schüssel geben und – am besten mit dem Rührgerät (Knethaken) – zu einem Teig verrühren. Abgekühltes Lauch-Zwiebel-Petersilie-Gemisch dazugeben, unterrühren und mit Muskat, Pfeffer und Salz würzen.

Den Nudelteig in ca. 6 Stücke teilen und zu dünnen Teigplatten ausrollen. Drei Teigplatten mit Füllung bestreichen und die restlichen Teigplatten darüberlegen. Mit Hilfe eines Rührlöffelstiels in ca. 10 × 5 cm große Rechtecke einteilen, mit einem Backrädchen oder Messer durchschneiden und ca. 10 Minuten in kochender Fleisch- oder Gemüsebrühe ziehen lassen.

Schmeckt als Suppeneinlage oder mit geschmälzten Zwiebeln zu Kartoffelsalat.

Wie macht man Sauerkraut?

Nichts leichter als das. Früher haben fast alle Familien ihr Sauerkraut selbst gemacht. Man braucht dazu frische, feste Weiß- oder Spitzkohlköpfe sowie Salz (etwa 20 Gramm auf das Kilo).

ZUBEREITUNG:

Die Kohlköpfe werden von den äußeren Blättern befreit und fein gehobelt. Dann kommt das Kraut in einen Steintopf. Dieser muß vor dem Einlagern des Krauts gründlich mit heißem Wasser und einem üblichen Spülmittel gereinigt und mit klarem Wasser nachgespült werden. Der Steintopf muß vor dem Einlagern des Krauts trocken sein. Hierfür einfach mit der Öffnung nach unten eine Zeitlang auf ein Tuch stellen, damit noch restliches Wasser ablaufen kann. Der Topf darf nicht mit Fett zusammengebracht werden, und es ist auf peinliche Sauberkeit zu achten. Ein Brotkrümelchen, das etwa in das Einmachgefäß gelangt, kann das Ganze zum Verderben bringen. Den Topf immer nur für Sauerkraut verwenden. Das Kraut wird in einzelnen Schichten, abwechselnd mit Salz, in den Steintopf eingestampft (z. B. mit einem Küchenstampfer aus Holz). Dabei muß jede Lage des Kohls so festgestampft werden, daß der Kohl vom sich bildenden Saft gut überdeckt ist. Saft nicht wegschütten. Es können auch Wacholderbeeren und Apfelscheiben (etwa 100 g Äpfel auf 1 kg Weißkohl) mit in die Schichten eingebracht werden. Das Sauerkraut wird mit einem Tuch bedeckt, mit einem in den Topf passenden (harzfreien) Holzbrett – etwa Buche oder Eiche – sowie einem Stein beschwert. Die Aufbewahrung muß an einem kühlen Ort erfolgen. Der Gärungsprozeß dauert ca. 5–6 Wochen.

Früher haben die Familien oft sehr große Steintöpfe benutzt. Mitunter findet man solche Töpfe noch auf Flohmärkten.

Wie macht man Pfannkuchen?

ZUTATEN FÜR 3–4 PERSONEN:

250 g Mehl
2 Eier
1/2 Teelöffel Salz
1/2 l Milch
Speiseöl zum Ausbacken

ZUBEREITUNG:

Mehl, Eier, Salz und die Hälfte der Milch in eine Schüssel geben und alles zu einem dicken Teig verrühren. Dieser wird nach und nach mit der restlichen Milch verdünnt. Nun gibt man ca. 1 Eßlöffel Öl in eine Pfanne und läßt es heiß werden. Dann gibt man einen Schöpflöffel vom Teig dazu und verteilt ihn in der Pfanne. Wenn der Teig nicht mehr flüssig ist, dreht man den Pfannkuchen um und läßt ihn auf der anderen Seite schön braun backen. Aus der Pfanne nehmen und auf einen Teller legen. Dann wieder etwas Öl in die Pfanne geben und den nächsten Pfannkuchen auf dieselbe Weise backen.

Man kann die Pfannkuchen bei ca. 75 °C Umluft in den Backofen stellen, dann bleiben sie schön heiß, bis alle fertiggebacken sind.

Dazu schmeckt entweder Apfelmus oder Gemüse, wie Karotten, Spargel, Blumenkohl usw. Herzhaft lecker sind auch Schnittlauchpfannkuchen. Einfach Schnittlauch feinschneiden und in den Teig geben.

Wie macht man eine Kartoffelsuppe?

ZUTATEN FÜR 4 PERSONEN:
1 kg Kartoffeln
1 Bund Suppengrün (1 Karotte, Zwiebel, 1 Stück Sellerie)
2–3 Karotten zusätzlich
Salz und Pfeffer
1 Becher Sahne
Petersilie

ZUBEREITUNG:
Kartoffeln waschen, schälen und in Stücke schneiden. Zwiebel, Sellerie und Karotten putzen, kleinschneiden und in etwas Butter andünsten. Dann mit ca. 1 Liter Wasser ablöschen. Die Kartoffeln dazugeben und ca. 20 Minuten weichkochen. Mit einem Pürierstab die Suppe so lange pürieren, bis eine gebundene Suppe entsteht. Mit Salz und Pfeffer würzen. Dann die Sahne zugießen. Alles noch einmal aufkochen lassen und zum Schluß die kleingeschnittene Petersilie zugeben.

Dazu schmecken etwa Frankfurter/Wiener/Saiten-Würstchen und frisches Brot oder Brötchen.

Wie macht man eine Grießklößchensuppe (Grießnockensuppe)?

ZUTATEN FÜR 3–4 PERSONEN:
1 Ei
60 g Hartweizengrieß
1 Teelöffel Salz
40 g Butter
1 1/2 l Brühe

ZUBEREITUNG:
Ei, Grieß und das Salz mit der weichen Butter verrühren und den Teig ca. 1 Stunde stehen lassen. Dann mit Hilfe von zwei Teelöffeln Klößchen formen, in die kochende Brühe geben und ca. 10 Minuten leicht sieden lassen. Je nach Geschmack mit Pfeffer und Salz und etwas feingeschnittenem Schnittlauch oder Petersilie servieren.

Wie macht man einen Kräuterquark?

ZUTATEN FÜR 4 PERSONEN:
500 g Magerquark
100–200 ml Sahne
verschiedene Kräuter wie Schnittlauch, Petersilie, wilder Majoran (Oregano), Kerbel etc. (getrocknet oder frisch)
1 Teelöffel Salz
Pfeffer

ZUBEREITUNG:
Den Quark mit der flüssigen Sahne verrühren. Die Kräuter, das Salz und den Pfeffer dazugeben und vermischen. (Wenn man getrocknete Kräuter verwendet, noch etwas durchziehen lassen.)

Dazu passen etwa Pellkartoffeln.

Wie macht man einen schwäbischen (süddeutschen) Kartoffelsalat?

ZUTATEN FÜR 4 PERSONEN:
1 kg festkochende Kartoffeln
8 Eßlöffel Sonnenblumenöl
1 kleine Zwiebel
3 Eßlöffel Essig
2–3 Teelöffel Salz
Pfeffer
1 Eßlöffel Salatkräuter (frisch oder getrocknet)
200–250 ml heiße Gemüse- oder Fleischbrühe

ZUBEREITUNG:
Kartoffeln mit der Schale weichkochen und etwas abkühlen lassen. In eine Salatschüssel 3–4 Eßlöffel Öl und die kleingeschnittene Zwiebel geben. Die Kartoffeln am besten noch lauwarm schälen, in dünne Scheiben schneiden und zu den Zwiebeln und dem Öl geben. Mit Essig, Salz und Pfeffer würzen, die Salatkräuter und das restliche Öl dazugeben. Vorsichtig durchmischen, so daß die Kartoffelscheiben möglichst nicht zerbrechen. Zwischendrin immer wieder von der Gemüse- oder Fleischbrühe dazugeben, bis die Kartoffeln keine Brühe mehr aufnehmen.

Wie macht man einen norddeutschen Kartoffelsalat?

ZUTATEN FÜR 4 PERSONEN:
1 kg festkochende Kartoffeln
3 Eßlöffel Sonnenblumenöl
1 kleine Zwiebel
2–3 Gewürzgurken (mild, eher süß)
100 g Mayonnaise
3 Eßlöffel Essig
2–3 Teelöffel Salz
Pfeffer
200–250 ml Gemüse- oder Fleischbrühe

ZUBEREITUNG:
Kartoffeln mit der Schale weichkochen und etwas abkühlen lassen. In eine Salatschüssel das Öl und die kleingeschnittene Zwiebel und Gewürzgurken geben. Die Kartoffeln am besten noch lauwarm schälen, dann kalt werden lassen, in dünne Scheiben schneiden und zu den Zwiebeln, den Gewürzgurken und dem Öl geben. Die Mayonnaise mit dem Essig, dem Salz und etwas Pfeffer verrühren und auf die Kartoffeln geben. Vorsichtig durchmischen, so daß die Kartoffelscheiben möglichst nicht zerbrechen. Zwischendrin immer wieder von der Gemüse- oder Fleischbrühe dazugeben, bis die Kartoffeln keine Brühe mehr aufnehmen.

Es gibt natürlich viele Varianten für den Kartoffelsalat; hier sind der Experimentierfreude keine Grenzen gesetzt.

Wie macht man eine dunkle Soße?

ZUTATEN:
½ Zwiebel
40 g Butter
20 g Mehl (1 gehäufter Eßlöffel)
¼ l Wasser
½ Teelöffel Salz
etwas Pfeffer
evtl. 1–2 Teelöffel Tomatenmark
1 Eßlöffel dunkle Sojasoße

ZUBEREITUNG:
Die Zwiebel kleinschneiden und in der Butter braun anbraten. Dazu das Mehl geben. Ebenfalls etwas braun werden lassen. Dann das Wasser zugeben und währenddessen mit einem Schneebesen rühren, so daß sich das Mehl mit dem Wasser gut verbindet. Dann mit Salz, Pfeffer, Tomatenmark würzen und die Sojasoße zugeben. Einmal aufkochen lassen.

Wie macht man eine helle Soße?

ZUTATEN:
1/2 Zwiebel
40 g Butter
20 g Mehl (1 gehäufter Eßlöffel)
1/4 l Wasser
1/2 Teelöffel Salz
etwas Pfeffer
1 Eßlöffel helle Sojasoße
evtl. etwas Sahne

ZUBEREITUNG:
Die Zwiebel kleinschneiden und in der Butter glasig dünsten. Dazu das Mehl geben. Etwas anbraten lassen. Wasser mit einem Schneebesen einrühren, so daß sich das Mehl mit dem Wasser gut verbindet. Mit Salz, Pfeffer und Sojasoße würzen. Einmal aufkochen lassen, evtl. mit Sahne verfeinern.

Wie wird Brot gebacken?

ZUTATEN:
1 kg Mehl
20 g Hefe
500–550 ml lauwarmes Wasser
2 Eßlöffel Salz

ZUBEREITUNG:
Das Mehl in eine Schüssel geben, in die Mitte des Mehls eine Vertiefung machen, die Hefe hineinbröckeln und mit etwas lauwarmem Wasser bedecken. Schüssel mit einem Küchentuch be-

decken und die Hefe etwas gehen lassen. Dann Mehl und Hefe mit dem Wasser und dem Salz so lange verkneten, bis alle Zutaten gut vermengt sind und ein leicht klebriger Teig entstanden ist. Anschließend ca. 1–2 Stunden mit einem Küchentuch abgedeckt an einem warmen Ort gehen lassen.

Noch einmal durchkneten, einen Brotlaib daraus formen und auf ein mit Fett eingeriebenes oder mit Backpapier ausgelegtes Backblech legen. Mit einer Gabel ein paarmal in das Brot stechen (bis ganz nach unten zum Blech), dann entstehen weniger Luftblasen im Brot. In den auf 220–230 °C vorgeheizten Backofen schieben und ca. 1 Stunde backen. Wenn man das Brot nach dem Backen mit etwas Wasser überpinselt und dann noch mal für ca. 2 Minuten in den Backofen schiebt, erhält es einen schönen Glanz.

Das Ganze funktioniert auch mit Trockenhefe.

Es kann mit vielerlei Mehl (z.B. helle und dunkle Weizenmehlmischungen, helle und dunkle Dinkel- oder Roggenmehlmischungen) variiert werden. Es sollte darauf geachtet werden, daß keine Hilfsmittel im Mehl enthalten sind, denn die braucht man heute genausowenig wie früher.

Wie macht man einen Rührkuchen?

ZUTATEN:

250 g Margarine
250 g Zucker
4 Eier
500 g Mehl
1 Päckchen Backpulver
75 ml (= 8 Eßlöffel) Milch

ZUBEREITUNG:

Margarine mit dem Zucker verrühren. Eier nacheinander unterrühren. Dann Mehl und Backpulver dazugeben und verrühren. Zum Schluß die Milch einrühren. Teig in eine eingefettete Rührkuchenform geben und bei 180 °C ca. 60 Minuten backen.

Ob der Kuchen fertig ist, kann man feststellen, indem man mit einem schmalen Messer oder einem Holzstäbchen in den Kuchen sticht. Bleibt kein Teig mehr daran hängen, ist der Kuchen fertig.

Wie macht man einen saftigen Marmorkuchen?

ZUTATEN:

300 g Butter oder Margarine
300 g Zucker
1 Päckchen Vanillezucker
6 Eier
300 g Mehl
1 Prise Salz
1 Päckchen Backpulver
je nach Geschmack 2 cl Rum
ca. 3 gestrichene Eßlöffel stark entöltes Kakaopulver
ca. 40 ml (= 4 Eßlöffel) Milch

ZUBEREITUNG:

Butter oder Margarine mit dem Zucker und dem Vanillezucker verrühren. Eier nacheinander unterrühren. Dann Mehl, Salz, Backpulver und Rum dazugeben und verrühren. Die Hälfte des Teiges in eine eingefettete Rührkuchenform geben.

In den übrigen Teig das Kakaopulver geben und mit der Milch unterrühren. Den so entstandenen dunklen Teig auf den hellen Teig in die Kuchenform geben und mit einer Gabel spiralförmig unterziehen (so entsteht die typische Marmorierung). Bei 180 °C ca. 60–70 Minuten backen.

Ob der Kuchen fertig ist, kann man feststellen, indem man mit einem Holzstäbchen (z. B. Schaschlikspieß) in den Kuchen sticht. Bleibt kein Teig mehr daran hängen, ist der Kuchen gar.

Wie macht man einen süßen Hefeteig?

(Z. B. als Boden für Zwetschgen- oder Apfelkuchen)

ZUTATEN FÜR EIN KUCHENBLECH:

250 g Mehl
10 g Hefe
70 g Zucker
1/8 l Milch
50 g Butter oder Margarine
1 Ei
1 Prise Salz

ZUBEREITUNG:
Mehl in eine Schüssel geben. Die Hefe hineinbröckeln und mit etwas Zucker und lauwarmer Milch mit der obersten Schicht vom Mehl zu einem flüssigen Vorteig verrühren. Diesen mit einem Tuch bedeckt in der Wärme ca. 15 Minuten gehen lassen.

Den Rest der Milch, Butter, Zucker, Ei und Salz zufügen und – am besten mit den Knethaken des elektrischen Rührgeräts – zu einem festen Teig kneten. Der Teig ist fertig, wenn er Blasen wirft und sich von der Schüssel löst. Dann wieder mit dem Tuch bedecken und noch mal ca. 45 Minuten gehen lassen.

Wie macht man einen salzigen Hefeteig?
(Z.B. als Boden für Pizza oder Zwiebelkuchen)

ZUTATEN FÜR EIN KUCHENBLECH:
250 g Mehl
10 g Hefe
1/8 l Milch
50 g Butter oder Margarine
1 Teelöffel Salz

ZUBEREITUNG:
Mehl in eine Schüssel geben. Die Hefe hineinbröckeln und mit der lauwarmen Milch und der obersten Schicht vom Mehl zu einem flüssigen Vorteig verrühren. Diesen mit einem Tuch bedeckt in der Wärme ca. 15 Minuten gehen lassen.

Butter und Salz zufügen und – am besten mit den Knethaken des elektrischen Rührgeräts – zu einem festen Teig kneten. Der Teig ist fertig, wenn er Blasen wirft und sich von der Schüssel löst. Dann wieder mit dem Tuch bedecken und noch mal ca. 45 Minuten gehen lassen.

Wie macht man einen Früchtequark?

ZUTATEN FÜR 4 PERSONEN (ALS DESSERT):
100–200 ml Sahne
250 g Magerquark
1 Eßlöffel Zucker

250 g Früchte je nach Saison
(Erdbeeren, Pfirsiche, Äpfel, Bananen, Orangen, Mandarinen etc.)

ZUBEREITUNG:
Sahne steif schlagen und mit dem Quark und dem Zucker vermischen. Früchte waschen, putzen und kleinschneiden. Früchte zur Quarksahne geben und alles vermischen.

Wie macht man Marmelade?

Konfitüre enthält Fruchtstückchen, Marmelade ist aus Mus und Gelee aus Obstsäften gemacht. Das Grundrezept für alle drei ist einfach: Früchte und Zucker werden im Verhältnis 1:1 eingekocht. Der Zucker konserviert. Gelierzucker besteht aus Raffinade, der Pektin und Zitronensäure zugesetzt wurden. Durch das Pektin binden sich Fruchtsaft und püriertes Obst besonders gut.

Erdbeermarmelade

ZUTATEN:
1 kg Erdbeeren
1 kg Gelierzucker
6–7 Marmeladengläser mit Deckel

ZUBEREITUNG:
Erdbeeren waschen, Stiele entfernen und die Früchte kleinschneiden (es dürfen keine fauligen Stellen vorhanden sein, nur einwandfreie Früchte verwenden). In einen hohen, großen Topf geben. Gelierzucker dazugeben. Unter Rühren aufkochen lassen. Wenn alles sprudelnd kocht, ca. 4 Minuten unter ständigem Rühren kochen lassen. Mit einem kleinen Löffel eine Gelierprobe machen (etwas Marmelade aus dem Topf nehmen: Wenn sie zähflüssig vom Löffel tropft, ist sie fertig, ansonsten noch etwas kochen lassen).

Marmelade in die sauberen, mit heißem Wasser ausgespülten Gläser füllen und die Gläser fest verschließen. Schraubverschlußgläser (mit sogenanntem Twist-off-Deckel; gibt's in Haushaltsfachgeschäften) mit dem Deckel nach unten stürzen und abkühlen lassen. So ist das Ganze dicht.

Man kann auch ein Stück Cellophanpapier in kleine Quadrate schneiden, die ungefähr so groß wie die Öffnung der Marmeladengläser sind, und durch etwas Alkohol (klarer Schnaps) ziehen. Dazu gibt man den Schnaps am besten in eine Untertasse. Die Cellophanquadrate oben auf die Marmelade legen, das verhindert die Schimmelbildung. Dann die Gläser fest verschließen und eventuell beschriften.

Auf dieselbe Weise lassen sich auch Himbeer-, Stachelbeer-, Pflaumen-, Kirsch- und andere Marmeladen selbst herstellen.

Erdbeerkonfitüre (kalt eingemacht)

ZUTATEN FÜR 4 GLÄSER:
500 g Erdbeeren
500 g Gelierzucker
1 Vanilleschote

ZUBEREITUNG:
Erdbeeren waschen und zusammen mit dem Gelierzucker und dem Inneren einer aufgeschnittenen Vanilleschote in einer Schüssel mit der Gabel zerdrücken und so lange rühren, bis sich der Zucker aufgelöst hat. Dann in die heiß ausgespülten Gläser abfüllen und mit Twist-off-Deckel verschließen.

Pflaumenmus

ZUTATEN FÜR 4 GLÄSER À 300 ML:
1 ½ kg Pflaumen
175 g Honig
350 g Gelierzucker
2 Zimtstangen
etwas Wasser
100 ml heller Balsamessig

ZUBEREITUNG:
Pflaumen gründlich waschen, entsteinen, in kleine Würfel schneiden und zusammen mit dem Honig, dem Gelierzucker (3:1) und

den Zimtstangen in etwas Wasser 3 Minuten aufkochen. Hellen Balsamessig dazugießen. Die Zimtstangen entfernen. Dann die Konfitüre in die Gläser füllen und die verschlossenen Gläser gut 5 Minuten auf den Kopf stellen.

Apfelgelee

ZUTATEN FÜR 4–5 GLÄSER:
1 l Apfelsaft
1 kg Gelierzucker

ZUBEREITUNG:
Den Apfelsaft mit dem Gelierzucker bis zur Gelierprobe kochen. Dann das heiße Gelee durch ein Sieb in die Gläser füllen und noch heiß verschließen.

Marillenkompott

ZUTATEN:
2 kg Marillen
750 ml Wasser
500 g Zucker
2 Zitronen
2 Vanillestangen

ZUBEREITUNG:
Die Marillen werden mit kochendem Wasser überbrüht (blanchiert), kalt abgeschreckt und dann gehäutet. Halbiert und entsteint, köcheln die Früchte anschließend 10 Minuten im Wasser, das zuvor mit dem Zucker und dem Saft der Zitronen aufgekocht wurde. Dann die Früchte in die Gläser füllen, Vanillestangen obendrauf geben und mit der abgekühlten Zuckerlösung bis unter den Rand auffüllen. Dann bei 75 °C etwa eine halbe Stunde im Backofen (oder im Einweckkessel) einkochen.

Meine Lieblingsrezepte

Tips rund ums Essen und Trinken

Wann hat was Saison?

Saisonales Obst und Gemüse, Salate, Früchte und Beeren schmekken besser und sind gesünder. Früher war es selbstverständlich, vor allem das zu essen, was die Natur im Angebot hatte. Die meisten Menschen hatten einen kleinen Garten – und sei es irgendwo am Rand der Stadt – und versorgten sich mit vielem selbst. Und so hatte jede Familie im Frühjahr frische Erdbeeren, im Sommer knackige Salate und leckere Beeren und im Herbst schmackhafte Äpfel und Birnen.

Längst haben nicht mehr alle Menschen einen Garten und wenn, dann wollen sie nicht die ganze Zeit darin arbeiten, sondern Erholung suchen (wobei sich beides durchaus gut verbinden läßt). Und dann gibt es ja das ganze Jahr über in den Lebensmittelmärkten eine reiche Fülle von Obst, Gemüse, Beeren, Salaten und was sonst noch unseren Speisezettel bereichert.

Doch eines gilt noch immer: Saisonale und wenn irgend möglich regionale Produkte sind frischer, schmecken besser, haben weniger Rückstände und sind somit auch gesünder.

Doch was hat wann Saison? Da die Waren weltweit gehandelt werden, ist zwar fast alles ständig im Angebot, doch zum Teil sind die Dinge, die wir im Supermarkt kaufen, weit durch Europa oder sogar um den halben Globus gereist. Orientieren wir uns jedoch an der jeweiligen Saison für die einzelnen Produkte, ernähren wir uns besser und gesünder, und die Abwechslung braucht keineswegs darunter zu leiden.

Die nachstehende Tabelle gibt eine grobe Orientierung. Angeführt ist die jeweilige Hauptsaison von Obst und Gemüse. Es gibt auch frische regionale Ware jeweils in den Wochen davor und danach; jedoch ist dann die Angebotsdichte natürlich geringer.

Salate	Löwenzahn/Rucola (Rauke)	Anfang Mai bis Mitte September
	Eichblattsalat	Mitte Mai bis Ende September
	Kopfsalat/Eisbergsalat, Lollo Rosso	Mitte Mai bis Ende Oktober
	Endiviensalat	Mitte Juni bis Anfang November
	Radicchio	Anfang Juli bis Ende Oktober
	Ackersalat, Feldsalat	Anfang Oktober bis Ende Februar
Obst	Rhabarber	Mitte April bis Ende Juni
	Süßkirschen	Ende Mai bis Mitte August
	Mirabellen	Ende Juni bis Ende August
	Sauerkirschen	Anfang Juli bis Mitte September
	Aprikosen	Anfang Juli bis Ende August
	Zwetschgen und Pflaumen	Mitte Juli bis Mitte Oktober
	Melonen	Ende Juli bis Ende September
	Weintrauben	Anfang September bis Ende Oktober
	Äpfel und Birnen	Anfang August bis Mitte November
	Quitten	Mitte September bis Mitte November
Beeren	Erdbeeren	Mitte Mai bis Ende Juli
	Himbeeren	Mitte Juni bis Anfang September
	Johannisbeeren	Mitte Juni bis Ende August
	Stachelbeeren	Mitte Juni bis Ende August
	Heidelbeeren	Ende Juni bis Ende August
	Brombeeren	Mitte Juli bis Ende September
	Preiselbeeren	Mitte Juli bis Ende Oktober
	Holunderbeeren	Anfang September bis Ende Oktober
Gemüse	Champignons	ganzjährig
	Spinat	Mitte März bis Mitte Juni
	Spargel	Mitte April bis Ende Juni
	Radieschen	Ende April bis Ende Oktober

Wirsing	Mitte Mai bis Ende Juni; Anfang September bis Ende November
Weißkohl und Spitzkohl	Mitte Mai bis Ende Juni; Anfang September bis Ende November
Kohlrabi	Mitte Mai bis Ende Oktober
Blumenkohl	Anfang Juni bis Ende Oktober
Kartoffeln	Anfang Juni bis Ende Oktober
grüne Erbsen	Anfang Juni bis Ende August
grüne Bohnen	Anfang Juni bis Ende Oktober
Brokkoli	Mitte Juni bis Mitte Oktober
Mangold	Mitte Juni bis Ende September
Karotten/gelbe Rüben/Möhren	Mitte Juni bis Ende Oktober
Gurken	Mitte Juni bis Ende September
Zucchini	Mitte Juni bis Ende Oktober
Zwiebeln	Mitte Juni bis Ende Oktober
Rettiche	Ende Juni bis Ende Oktober
Staudensellerie	Anfang Juli bis Anfang November
Lauch/Porree	Anfang Juli bis Ende November
Tomaten	Mitte Juli bis Ende Oktober
Paprika	Mitte Juli bis Mitte Oktober
Chinakohl	Anfang August bis Ende November
Sellerie	Ende August bis Ende November
Kürbis	Ende August bis Ende November
Rotkohl	Anfang September bis Ende November
rote Beete/rote Rübe	Anfang September bis Ende November
Chicorée	Anfang Oktober bis Anfang März
Rosenkohl	Mitte/Ende Oktober bis Ende Januar
Grünkohl	Anfang November bis Ende Februar

Hätten Sie's gewußt?

Darf man Pilze aufwärmen?
Als es noch keine Kühlschränke gab, wurde vor dem Aufwärmen von Pilzen gewarnt. Heute ist das kein Problem mehr, wenn man die Pilze nach der Zubereitung schnell herunterkühlt und bei zwei bis vier Grad im Kühlschrank lagert. Sie halten maximal zwei Tage.

Wie erkennt man frische Eier?
Frische Eier können nicht schwimmen. Sie sinken im Wasserglas auf den Boden und bleiben unten liegen. Je älter ein Ei ist, um so mehr Luft ist über die Kalkschale ins Ei eingedrungen. Ein drei Wochen altes Ei schwimmt oben.

Was bedeutet Type 1700 bei Mehl?
Die Zahl auf der Mehltüte gibt Auskunft über den Mineralstoffgehalt des Mehls. Je höher die Typenzahl ist, desto gehaltvoller ist das Mehl. »Weizenschrot Type 1700« bedeutet beispielsweise, daß 1700 mg Mineralstoffe in 100 g Mehl enthalten sind. Das meistgekaufte Mehl Type 450 ist also ziemlich nährstoffarm.

Ist Schwarzbrot schwarz?
Vollwertiges Brot aus Roggenvollkornmehl und -schrot ist nicht schwarz, sondern grau. Die kräftige Braunfärbung, die dunkles Brot oft bitter macht, entsteht durch den Zusatz von Röstmalz.

Hat Wintergemüse Vitamine?
Heimischer Kohl hat jede Menge Vitamin C. Eine Portion Grünkohl (150 g) etwa deckt den Tagesbedarf und hat doppelt soviel Vitamin C wie die gleiche Menge Orangen.

Muß Grünkohl frieren?
Die Kälte verwandelt die pflanzeneigene Stärke in Zucker und baut Bitterstoffe in Rosenkohl und Grünkohl ab. Außerdem lockert Frost das Zellgewebe.

Macht Kohl Blähungen?
Ja, denn er enthält schwefelhaltige Öle. Kümmel und Wacholderbeeren verhindern bzw. mindern Blähungen.

Wie wird Milch sauer?
Durch die Stoffwechselprodukte von Milchsäurebakterien wird Milch sauer. H-Milch schmeckt bitter, wenn sie alt ist, denn sie hat keine Milchsäurebakterien.

Ist brauner Zucker gesünder als weißer?
Nein, er wird lediglich aus braunem Kandissirup gemacht. Es gibt 20 Zuckersorten, die sich durch die Größe der Kristalle unterscheiden. Hagelzucker enthält grobe Körner, Puderzucker ist staubfein.

Darf man Muscheln nur in Monaten essen, die auf »r« enden?
Herbst- und Wintermonate, die auf »r« enden wie November, sind perfekte Miesmuschelmonate. Früher hing die Regel mit unzureichender Kühlung auf dem Transport vom Meer zum Markt zusammen. Doch es gibt auch heute noch gute Gründe: Im Sommer kann es zur gefürchteten Algenblüte kommen. Die Schalentiere filtrieren das Algengift und speichern es.

Wie enthäutet man Tomaten?
Die Haut mit dem Messer oben kreuzweise einritzen und den Stielansatz entfernen. Dann kurz in kochendes Wasser legen. Kalt abschrecken, und die Haut läßt sich einfacher abziehen.

Wie bekommt man klare Eiswürfel?
Das Wasser abkochen, bevor man es in die Eisform gibt.

Wie entfernt man Gewürzteile aus Bratenfonds etc.?
Man läßt Pfefferkörner, Lorbeerblätter, Nelken usw. im Tee-Ei mitkochen, dann kann man sie hinterher leicht wieder herausnehmen.

Wie kann man Eier leicht trennen?
Man schlägt das Ei über einem Haushaltstrichter auf. Das Eiweiß läuft durch den Trichter, das Eigelb bleibt im Trichter liegen.

Übriggebliebenes Eigelb
... hält sich tagelang frisch, wenn man es in eine Tasse gibt und mit kaltem Wasser übergießt.

Trübe gewordenes Olivenöl
... wird durch Erwärmen wieder klar.

Anbrennen von Milch
... wird vermieden, wenn man den Topf vorher gut mit kaltem Wasser ausspült.

Salz im Salzstreuer
... wird nicht feucht und klumpt nicht, wenn man einige Reiskörner dazugibt.

Wenn der Kuchen im Blech festsitzt,
... das noch warme Blech oder die Kuchenform mit einem nassen Tuch kurze Zeit abkühlen.

Getrocknete Pilze
... durch die Pfeffermühle gedreht, ergeben eine hervorragende Würze zu allerlei Zwecken.

Eier platzen beim Kochen nicht,
... wenn man Salz ins Wasser gibt.

Welche Pilze muß man kennen?

In mitteleuropäischen Wäldern wachsen etwa 5000 verschiedene Pilze. Davon sind ein Dutzend tödlich giftig. Nur 50 sind klassische Speisepilze. Pilze sollte man nur dann roh essen, wenn sie wie Champignons und Austernpilze aus Zuchtbetrieben kommen.

Pfifferlinge wachsen in Mischwäldern unter Bäumen oder unter Moos. Sie riechen leicht nach Aprikosen, sind dunkelgelb und haben festes Fleisch. Sie schmecken gut zu Rührei.

Champignons wachsen auf Wiesen, haben weiße oder bräunliche Hüte. Sie schmecken auch roh zum Salat.

Steinpilze wachsen im Gras oder in Laubwäldern unter Eichen, Linden oder Buchen. Sie haben einen nussigen Geschmack.

Maronen wachsen in Fichten- und Kiefernwäldern. Man findet sie oft unter Farnen. Sie haben einen milden Pilzgeschmack.

Hallimasch wächst auf Baumstämmen oder abgestorbenen Baumstümpfen. Nur die jungen Hüte sind eßbar. Es gibt Menschen, die allergisch auf Hallimasch reagieren.

Butterpilze wachsen auf sandigen Böden und haben einen bis zu zwölf Zentimeter breiten dunkelbraunen Hut.

Parasole (Riesenschirmpilze) haben einen 10 bis 25 Zentimeter breiten Hut und wachsen im Gras an eher sonnigen Stellen an Waldrändern und im Wald.

Speisemorcheln findet man ebenso wie die *Spitzmorchel* im April und Mai zwischen Gras in Gärten, Parks, entlang von Gehölzstreifen, Waldrändern und in lichten Laubwäldern. Sehr schmackhaft.

Vorsicht: giftig!

Fliegenpilze tauchen in Kinderbüchern auf und sind wohl die berühmtesten Giftpilze. Sie sind leicht an ihren leuchtendroten Hüten mit den weißen Punkten zu erkennen. Fliegenpilze wachsen häufig unter Birken und Kiefern.

Grüner Knollenblätterpilz ist schon in kleinen Mengen tödlich. Er wächst unter Laubbäumen, besonders unter Buchen und Eichen. Das Fleisch riecht honigartig. Der Hut ist grünlich, die Lamellen und Sporen weiß.

Riesenrötling ist weit verbreitet, wächst auch in Parkanlagen und an Straßenrändern. Der Hut ist grau, glatt und hat oft einen lappigen Rand. Er riecht mehlig und ist sehr giftig.

Ziegelroter Rißpilz ist tödlich giftig. Er wächst unter Laubbäumen in Mischwäldern, aber auch in Parkanlagen und Gärten. Der Hut, weiß und seidig, ist kegelförmig. Sein Fleisch ist geruchlos.

Gifthäubling ist häufig, wächst auf totem Nadelholz und hat einen glatten, etwas klebrigen Hut. Er riecht mehlig und ist tödlich giftig.

Achtung!! Immer gilt: Nur solche Pilze sammeln, kosten und verzehren, die man genau kennt, die nicht giftig sind und die nicht geschützt sind. Nicht alle Pilze, die man findet, sammeln, sonst »blutet« die Natur aus und die einzelnen Arten können sich nicht mehr vermehren.

Im Zweifel: Pilzberatungsstellen fragen (Adressen über Stadtverwaltung oder Landratsamt).

Was ißt man wo?

Jedes Land, jede Region, jede Gegend hat ihre ureigenen Traditionen, und diese spiegeln sich gerade beim Essen wider. Auch wenn wir heute das ganze Jahr über fast alle Zutaten beschaffen können, um fast schon international zu kochen, lohnt es sich zu wissen, woher die einzelnen Speisen und die dazugehörenden Rezepte kommen. So sind wir auch bestens für Reisen gerüstet, um über die Spezialitäten anderer Regionen auf schmackhafte Weise Land und Leute besser kennen- und verstehen zu lernen.

Deutschland

Baden-Württemberg

- Württemberg: Hier ißt man u. a. gerne Maultaschen (mit Brät, Spinat und/oder Lauch gefüllter Nudelteig). Sie dienen als Suppeneinlage, werden geschmälzt (mit Zwiebeln und/oder Speck) oder geröstet (in Butter, mit gestockten Eiern darüber) und dann zu Kartoffelsalat gegessen.
- Württemberg: Sauerbraten mit Spätzle, grünem Salat und Kartoffelsalat. Sehr traditionell im Herbst: Zwiebelkuchen.
- Spätzle werden u. a. zum Zwiebelrostbraten, aber auch zu Schweine- und Rinderbraten, zu Rouladen sowie zu Linsen mit Saitenwürstle und geräuchtem Bauchspeck serviert.
- Württemberg: Schupfnudeln – kleinfingergroße Röllchen aus Kartoffelteig (mit Ei, etwas Mehl, Salz und Muskat) meistens zu Braten und/oder Sauerkraut serviert.

Kleiner Sammelkalender für Wildkräuter

Art	**Eigenschaften/Wirkung**	**Geeignete Pflanzenteile**	**Sammelzeit**	**Verarbeitung**
Gänseblümchen	blutreinigend; gegen Beschwerden der Atemwege sowie des Magen-Darm-Trakts; blutstillend; schleimlösend	Blüten, Blätter	ganzjährig	Salate
Löwenzahn	harntreibend; gegen Rheuma und Gicht; Anregung der Gallenfunktion; blutreinigend	Blüten, Blätter	Mitte März–Mai: Blüten; junge Blätter ganzjährig	Tees, Hustensaft, Salate (junge Blätter)
Bärlauch	blutreinigend; antiseptisch	Blätter	März–April	Einlage in Suppen; Bärlauchquark, Brotauflage, Pesto
Waldmeister	gefäßerweiternd; entzündungshemmend	junge Triebe	März–Mai	Maibowle
Brunnenkresse	gegen Leber-, Gallen- und Nierenstörungen	junge Triebe, Blätter	ganzjährig	Salate, Brotbelag
Brennessel	blutstillend; blutreinigend; gegen Rheuma und Gicht sowie Gallenleiden	junge Triebe, Blätter	April–Oktober	Gemüse, frischer Saft
Taubnessel	haut- und magenfreundlich; harntreibend	junge Triebe	März–Mai	Beigabe zu Salaten, Einlage in Suppen
Schafgarbe	regt Stoffwechsel an; blutreinigend; gegen Erkrankungen der Atemwege, Magen-, Darm- und Gallenbeschwerden	Blüten, Blätter	Juni–Oktober, März–Mai	Salate, Gewürz
Wilder Majoran (Dost)	appetitanregend; hustenlindernd; schnupfenbekämpfend	Blätter	Mai–Ende September	Zugabe zu Salaten, Aufgüsse, Gewürzöl

Waldmeister

Bärlauch

Brennessel

Brunnenkresse

Wilder Majoran (Dost)

Gänseblümchen

Löwenzahn

Schafgarbe

Taubnessel

- Im Alpenvorland (Württembergisches Allgäu) werden viele köstliche Käsesorten produziert.
- Im Schwarzwald: Schwarzwälder Schinken, Schwarzwälder Kirschtorte und Schwarzwälder Schäufele (aus der Schweineschulter), Schwarzwaldforelle, Schwarzwälder Kirschschnaps.
- Baden: Spargelhochburg (z.B. Bruchsal, Schwetzingen). Saison bis Ende Juni. Traditionelle Beilagen sind Kartoffeln und Flädle (dünne Pfannkuchen).
- Baden: Besonderheiten sind Bärlauchsuppe, Sauerampfersuppe mit Räucherforelle, Bibeliskäs (angemachter Quark), Dampfnudeln mit Apfelmus und Kartoffelsuppe, Kalbsleber, saure Kutteln.
- Aus den Obstgärten entstehen im Württembergischen wie im Badischen vielerlei Schnäpse: Himbeergeist, Kirsch-, Zwetschgen- und Mirabellenbrände, Birnenschnaps, Obstler (aus Äpfeln und Birnen).
- Sowohl in Baden wie in Württemberg werden hervorragende Weine erzeugt.
- Es gibt nirgendwo in Deutschland so viele mit Sternen dekorierte Restaurants wie in Baden-Württemberg.

Bayern

- Im Alpenvorland (Bayerisches Allgäu) werden köstliche Käsesorten produziert.
- Weltberühmt ist das bayerische Bier. Bayern besitzt die größte Brauereidichte der Welt. Hier findet man die ältesten Nachweise für eine Brautätigkeit in Deutschland. Außerdem erließ Herzog Wilhelm IV. 1516 das bekannte Reinheitsgebot, nach welchem für bayerische Biere keine weiteren Zutaten als Wasser, Hopfen und Gerste verwendet werden dürfen.
- Bayerische Kalbshaxen (z.B. mit Kraut und Knödel) sind fast ein Nationalsymbol.
- Franken: Kartoffelnudeln mit Apfelmus, Schinken in Brotteig, Rinderbraten mit Semmelknödeln, vielseitige Fischgerichte (vor allem Karpfen). Im Winter: Nürnberger Lebkuchen.
- Allgäu: Kässpätzle. Sie bestehen aus dickflüssigem Teig und werden von einem Brett in siedendes Wasser »geschabt«, an-

schließend in einer Schüssel mit Sahne und Allgäuer Käse bedeckt. Serviert werden sie mit gebratenen Zwiebeln.

- Leberkäse ist eigentlich eine Pastete aus feingehacktem Schweine- und Rindfleisch, welches in Brotformen gebacken wird. Er wird meistens mit Kartoffelsalat oder Bratkartoffeln und Spiegeleiern oder kalt als Brotbelag mit sauren Gurken gegessen.
- Wurstdelikatessen sind die Münchner Weißwurst und die Nürnberger Rostbratwurst. Die aus Kalb- und Schweinefleisch mit Zwiebeln und Petersilie verfeinerte Weißwurst ißt man zu süßem Senf, Brezeln und bayerischem Bier. Nürnberger Rostbratwürste werden an vielen Buden in frischen Brötchen verkauft oder als eigene Mahlzeit mit Sauerkraut, scharfem Senf und Brot serviert.

Berlin

- Bulette: mit Brot, Zwiebeln und Gewürzen vermischtes Hackfleischgericht (Frikadelle).
- Pfannkuchen: In der ganzen Republik heißen die Berliner Krapfen »Berliner«. Nur in Berlin heißt der mit Marmelade gefüllte Berliner Pfannkuchen.
- Currywurst: Klassiker der Berliner Küche. Die Urberliner Spezialität wurde mit einem Denkmal geehrt.
- Berliner Weiße: Als Getränk ist die Berliner Weiße über die Stadtgrenzen hinaus berühmt. Sie wird gern mit einem Schuß Waldmeister- oder Himbeersirup getrunken und meist mit Strohhalm serviert.

Brandenburg

- Wildbret mit seinem intensiven, von Natur aus würzigen Fleisch war schon zur Zeit der preußischen Könige eine gerngesehene Bereicherung des Speisezettels, die in Brandenburger Breiten auch heute noch mit Sorgfalt zubereitet wird.
- Sülze, ein typisches Gericht aus der uckermärkischen Region und dem Spreewald, wird meistens mit Bratkartoffeln serviert.
- Gewürzgurken: Der Spreewald ist bekannt als »Gemüsekam-

mer« Deutschlands. Am berühmtesten sind die Spreewaldgurken, wovon es verschiedene Variationen gibt: als saure Gurke, als Gewürzgurke, Pfeffergurke oder als Knoblauch- oder Senfgurke.

- Teltower Rübchen: würzige Zuchtform der weißen Rübe. Sie wurden ursprünglich in der Mark Brandenburg, besonders im Raum Teltow (südwestlich von Berlin), angebaut, woher auch ihr Name stammt.
- Wegen der vielen Fließgewässer und Seen zählt Fisch mit zu den Spezialitäten auf Brandenburger Speisekarten. Am beliebtesten ist der Havelzander, wovon es verschiedene Variationen, wie z. B. Havelzander in Dillkruste mit Schmorgurken und Knödeln, gibt.

Bremen

- Leibspeise der Bremer: Grünkohl und Pinkel. Dabei handelt es sich um reichlich Grünkohl, gemischt mit verschiedenen Fleischsorten. Pinkel ist ein spezieller Schweinedarmabschnitt, der mit Grütze gefüllt wird.
- Knipp: Hafergrütze mit Fleisch; ehemals ein Gericht der Torfbauern. Zur Verfeinerung werden Innereien und Speckschwarten durch den Wolf gedreht und mit der Hafergrütze vermischt. Der Knipp wird dann gebraten und mit Bratkartoffeln und Gewürzgurken oder mit Apfelmus serviert. Heutzutage nimmt man statt der Innereien auch Schweinenacken.
- Schaffermahlzeit: Nicht-Bremer Gäste dürfen nur einmal in ihrem Leben an der Schaffermahlzeit teilnehmen. Es ist das älteste Brudermahl der Welt und wird seit 1545 alljährlich im Februar begangen. Damit feiert man das Ende des Winters und den Beginn einer neuen Geschäftssaison. Die Abfolge der Speisen und Getränke ist seit 1545 festgelegt. Serviert werden unter anderem Bremer Hühnersuppe, Seefahrtsbier, Stockfisch sowie Braunkohl und Pinkel.

Hamburg

- Ein traditionelles Essen ist Grünkohl mit Kasseler oder Kohlwurst und Röstkartoffeln.

- Ein reichhaltiger und gesunder Seefahrereintopf ist Labskaus; er wird mit Rollmops, Spiegelei und Gewürzgurke serviert. Dazu trinkt man Bier und Kornschnaps.
- Hamburger Aalsuppe: eine auf dem Knochen gekochte Fleischbrühe, die mit Suppengemüse und vor allem Backobst verfeinert wird; hat einen typisch süß-sauren Geschmack, welcher durch die Ansäuerung mit Essig entsteht.
- Rote Grütze: Johannisbeeren, Himbeeren und Kirschen, die mit Wasser aufgekocht und anschließend mit Zucker versetzt und mit Speisestärke gebunden werden. Dazu serviert man Vanillesoße, Sahne oder kalte Milch.

Hessen

- Beliebtestes Getränk in Hessen ist der Apfelwein (Äppelwoi), ein Fruchtwein mit etwa 5 bis 6 % Alkohol.
- Handkäse: ein Sauermilchkäse, der in »Apfelweinkneipen« als »Handkäs mit Musik« gereicht wird. Er wird dazu mit einer Soße aus gewürfelten Zwiebeln, Essig und Öl serviert. Dazu trinkt man Apfelwein.
- Preßkopf: feine Fleischpastete, die je nach Region in unterschiedlichster Zusammensetzung und Würzung zubereitet wird.
- Frankfurter Grüne Soße (»Grie Soß«) wird als Beilage zu gekochtem Rindfleisch oder Eiern mit Salzkartoffeln gereicht und besteht aus sieben Kräutern (Kerbel, Sauerampfer, Borretsch, Pimpinelle, Schnittlauch, Petersilie und Dill).
- Frankfurter sind dünne geräucherte Brühwürste aus Schweinefleisch im Naturdarm. Seit 1929 gilt ein Herkunftsschutz für diese Brühwurst.
- Rippchen mit Kraut: Dieses Gericht besteht aus Rippchen vom Schwein, die zusammen mit Sauerkraut gekocht werden. Dazu wird traditionell Kartoffelbrei serviert und Apfelwein getrunken.

Mecklenburg-Vorpommern

- Hering: Im Frühjahr beginnt für die Fischer die Hochsaison, die auf Rügen mit der »Heringswoche« eingeläutet wird.

- »Himmel und Erde«: Äpfel werden mit Speck und Kartoffeln zu »Himmel und Erde« gekocht. »Himmel« steht dabei für Obst und »Erde« für die Kartoffel.
- Weitere traditionelle Rezepte: Rosinen im Grünkohl, Honig am Rippenbraten und Äpfel im Schmalz.
- Zahlreiche Fischgerichte wie Aal, Dorsch, Flunder, Hornfisch. Eine Spezialität ist der Hornfisch (Hornhecht), der meist im Mai zum Laichen in die Ostsee kommt. Dazu gehören Stampfkartoffeln und Rhabarberkompott.
- Weitere Spezialitäten: Rügenwälder Teewurst, pommerscher Gänsebraten.

Niedersachsen

- Typisch: Kohl und Pinkel (Grünkohl mit einer fetthaltigen Wurst), besonders beliebt im Oldenburger Land. Im Januar veranstalten viele Vereine Grünkohlfahrten. Grünkohl ist ein typisches Wintergemüse mit hohem Gehalt an Vitamin C; fertig zubereitet, ist es dem Spinat optisch sehr ähnlich. Es handelt sich jedoch um eine Kohlart.
- Braunschweiger Mettwurst.
- Friesland: Krabbenfrikadellen, Labskaus, Grünkohl und Pinkel.
- Der Harzer Roller ist ein Sauermilchkäse und wird aus fettarmem Sauermilchquark hergestellt. Schmeckt mit zunehmender Reife pikant und hat einen strengen Geruch.
- Besonders beliebt: der Spargel. Er wird mit Sauce hollandaise oder flüssiger Butter und Schinken zubereitet. Durch Niedersachsen führt die 750 Kilometer lange »Niedersächsische Spargelstraße«.
- Welfenspeise aus Vanillecreme und Weinschaumsoße.
- Berühmt ist der Heidehonig aus der Lüneburger Heide.

Nordrhein-Westfalen

- Rheinischer Sauerbraten mit Rosinen.
- Vielfältig sind die westfälischen Eintöpfe. Beliebt sind Gemüse-, Steckrüben-, Schnibbelbohnen- sowie Graupeneintopf mit Speck und Bohnen.

- Pumpernickel: Dieses schwarze Brot wird nicht im Ofen gebacken. Roggenschrot wird mit wenig Hefe, Malz und Zukkerrübensirup vermischt und im eigenen Dampf gegart. Der Sirup sorgt für die tiefschwarze Farbe.
- Berühmt und delikat ist westfälischer Schinken.

Rheinland-Pfalz

- Pfälzer Saumagen: Der Magen dient zugleich als Pelle. Gefüllt wird er mit einer Mischung aus Schweinefleisch, Bratwurst und Kartoffeln, meist kommen noch Eier, Karotten sowie zahlreiche Gewürze, u. a. Majoran und Muskat, hinzu. Dazu werden Sauerkraut und Kartoffelbrei serviert.
- Westerwälder Dippekuchen: ein Kartoffelkuchen, zu dem Apfelmus gereicht wird.
- Zwiebelkuchen von der Mosel. Dazu wird frischer Federweißer – ein Traubenmost, der gerade zu gären begonnen hat – getrunken.
- Vor allem Weißweine haben eine lange Tradition. Ahr, Mittelrhein, Nahe, Mosel-Saar-Ruwer, Rheinhessen und Rheinpfalz sind die sechs Weinanbaugebiete.

Saarland

- »Lyoner«: Diese feinbrätige Wurst paßt am besten zu »Kerschdscher«, das sind rohe Kartoffelwürfel, in heißem Fett geschmort, aber auch zu warmem Kartoffelsalat oder einfach zu Brötchen und Senf.
- »Dibbelabbes«: Rohe, geriebene Kartoffeln, Dörrfleisch und Lauch werden in einem »Dibbe« (vulgo: Topf) gegart. Dazu ißt man Apfelmus.
- »Gefillde«: Kartoffelklöße, gefüllt mit Hackfleisch, Leberwurst, gewürzt mit Pfeffer und Salz.
- »Schales«: wird abgeleitet von »Schalen«. Gemeint sind hier die Krusten, welche beim Braten entstehen. Dazu wird derselbe Teig wie beim »Dibbelabbes« verwendet, jedoch unter ständigem Wenden in einer Pfanne gebraten.
- »Grummbeerkieschelscher«: Kartoffelpuffer, zu denen man den saarländischen Apfelwein »Viez« trinkt.

- »Hoorische«: längliche Kartoffelklöße, die in siedendem Wasser gegart werden. Dazu gehört eine Speckrahmsoße und/oder Sauerkraut.

Sachsen

- Neunerlei: eine Spezialität des sächsischen Erzgebirges. Neun verschiedene Speisen, zubereitet mit Gemüse und Hülsenfrüchten, Fleisch, Fisch, Geflügel. Dazu gehören Kaninchenbraten, gebackener Karpfen, Gänsebraten, grüne Klöße, Hagebuttensuppe, Rauchermod (Kartoffeln mit Quark), Sauerkraut, Selleriesalat, Heidelbeerkompott.
- Dresdener Christstollen: Der Stollen sollte eine Darstellung des in Windeln gewickelten Christkinds sein. Um 1450 wurde er zum ersten Mal gebacken.

Sachsen-Anhalt

- Harzer Bachforelle: Eine beliebte Variante wird mit Wacholder, Koriander und Cognac zubereitet.
- Wein: Auf über 600 Hektar wird in Sachsen-Anhalt Wein angebaut. Das Saale-Unstrut-Gebiet ist seit dem Jahr 998 Lieferant roter und weißer Weine. Die bekannteste Rebsorte ist der Müller-Thurgau.
- Salzwedeler Baumkuchen: wird auf einem Spieß über dem Feuer gebacken.

Schleswig-Holstein

- »Lobs-cou(r)se« (»Essen für einen Kerl«) nannten die Engländer einen Speisegang für Seeleute. Das traditionelle Gericht entstand in den Zeiten, als die großen Segelschiffe Vorräte für Monate mitnehmen mußten, und hielt sich unter der Bezeichnung »Labskaus« bis heute im Norden. Dabei handelt es sich um durch den Fleischwolf gedrehtes, gepökeltes Rindfleisch, Kartoffeln, Zwiebeln und Gewürze (Nelken, Senf, Lorbeer, Muskat), mit eingelegten roten Rüben, Salzgurken, Bismarckheringen oder Matjesfilets und einem Spiegelei garniert. Es gibt viele regionale Varianten.

- In Schleswig-Holstein ißt man Grünkohl traditionell mit Kasseler oder Kohlwurst und Röstkartoffeln.
- Lübecker Marzipan: hergestellt aus Mandeln und Zucker und mit einem Schokoladenüberzug versehen.
- Eine Spezialität ist im Buchen- und Erlenrauch geräucherter Hecht oder Aal.
- Käse: Hier wird der typische Tilsiter Käse gemacht (benannt nach dem ostpreußischen Tilsit, dem heutigen Sowjetsk). Die »Käsestraße« verbindet die Betriebe vom Lauenburgischen bis nach Nordfriesland und von der Ostsee bis zur Nordsee miteinander.

Thüringen

- Thüringer Rostbratwurst: Die Bezeichnung ist EU-weit geschützt. Laut Verordnung mißt die mittelfeine Rostbratwurst mindestens 15–20 cm, ist in engen Naturdarm gekleidet und besitzt eine herzhaft würzige Geschmacksnote. Die Gewürzmischungen variieren je nach Region.
- Thüringer Klöße aus Mehlkartoffeln.
- Rostbrätel (in Bier marinierte Scheiben vom Schweinekamm).
- Topfbraten aus Schweinefleisch und -innereien mit Pflaumenmus und geriebenem Lebkuchen.

Österreich

Wien und Umgebung

- Das weltweit bekannte und mittlerweile überall angebotene Wiener Schnitzel stammt ursprünglich aus Mailand. Was oft als paniertes Schweinefleisch serviert wird, muß – um ein echtes Wiener Schnitzel zu sein – aus Kalbfleisch bestehen.
- In Österreich – und besonders in Wien – finden sich viele kulinarische Erbschaften aus der Zeit der k.-u.-k.-Donaumonarchie. Dazu gehören etwa serbisches Reisfleisch, die sogenannten Powidln (Zwetschgenmus aus Böhmen) und der typische

Wiener Apfelstrudel, der ursprünglich aus der Türkei importiert ist.

- Nicht nur in Wien, sondern in ganz Österreich typisch: der Kaiserschmarrn; ein mit Gabeln locker zerrissener Eierpfannkuchen, welcher mit Puderzucker bestreut und zusammen mit Apfelbrei oder Pflaumenkompott serviert wird. In gesalzener Form auch zu grünem Salat.
- Tafelspitz: feinfaseriges Rindfleisch von der Spitze der Hüftunterschale des Rinds; serviert mit Salzkartoffeln und geriebenem Meerrettich und/oder Apfelkren (Mischung aus geriebenen Äpfeln und geriebenem Meerrettich, mit Salz, etwas Zucker und Essig abgeschmeckt und mit Sahne gebunden).
- Ebenfalls typisch für Wien: Erdäpfelsalat (Kartoffelsalat).
- Was in Süddeutschland Saitenwürstchen oder im Hessischen die Frankfurter Würstchen sind, wird in Wien als Wiener Würstchen geschätzt – zumindest heißen sie in Deutschland und der Schweiz so; bloß in Österreich selbst heißen sie »Frankfurter«. Während die echten Frankfurter aus Schweinefleisch sind, werden Wiener Würstchen aus einer Mischung von Schweine- und Rindfleisch gemacht.
- Berühmt sind die verschiedenen Varianten des Kaffeegenusses in Wien. Wahrscheinlich gibt es nirgendwo auf der Welt so viele Arten, Kaffee zuzubereiten. Einige davon sind: Wiener Melange (Kaffee mit Milchschaum), Einspänner (schwarzer Kaffee mit einer Sahnehaube), Kaisermelange (schwarzer Kaffee mit einem Eidotter), großer und kleiner Brauner (Espresso mit Milch), Wiener Doppelspänner (Doppelmokka mit Zukker und Sahnehaube), Wiener Fiaker (schwarzer Kaffee mit Kirschwasser oder Himbeergeist).

Niederösterreich

- Fischgerichte aus Karpfen, Wels und Schill (wie dort der Zander genannt wird), dazu Spargel.
- Mohnnudeln und Marillenknödel.

Burgenland

- Krautsuppe, bestehend aus Sauerkrautstreifen, gehackten Zwiebeln, Wurstwürfeln oder -scheiben und Kartoffelwürfeln.

Bereich des Neusiedler Sees

- Aalsuppe.
- Diverse Mehlspeisen.
- Ritschert: ein Eintopf z. B. aus Gänsebrust, Hülsenfrüchten und Graupen oder mit Bohnen und Selchfleisch.

Steiermark

- Weithin bekannt ist das herrliche Kürbiskernöl.
- Klachlsuppe: eine saure Brühe, bestehend aus Beinscheiben.
- Wurzelfleisch: Dabei handelt es sich um Schweinebauch mit allerlei Wurzelgemüse.
- Nicht nur in der Steiermark, sondern in ganz Österreich sind die Brettljausen beliebt: eine herzhafte Vesper mit geräuchertem Speck, Käse etc.

Kärnten

- Kasnudeln: Dabei handelt es sich um Teigtäschchen aus Nudelteig, welche mit Topfen (Quark) und Gewürzen wie Minze gefüllt sind. Es gibt viele Variationen davon, z. B. Fleischnudeln, Specknudeln, Spinatnudeln usw.
- Dampfnudeln.
- Ähnlich wie in anderen Regionen Österreichs gibt es in Kärnten zahlreiche Obstbrände aus Äpfeln, Birnen, Enzian u. a.

Tirol

- Nockerln: die österreichischen Verwandten der Gnocchi.
- Schlutzkrapfen: eine Art Ravioli mit Fleisch- und Spinat- oder anderer Füllung.

- Berühmt ist der Tiroler Speck (Schinken).
- Tiroler Knödel bestehen aus Semmeln (Brötchen), geräuchtem Speck, Zwiebeln, Petersilie, etwas Muskat sowie Eiern und Milch. Serviert werden sie als Suppeneinlage oder als Beilage zu Kraut oder Salat.
- Tiroler Gröstl: ein Pfannengericht aus Kalb- und/oder Rindfleisch, Kartoffeln, Zwiebeln, etwas Majoran und Rührei.
- Zahlreiche Wildgerichte; in der entsprechenden Jahreszeit mit Schwammerln (Pilzen) etc.
- Zahlreiche Käsespezialitäten.

Oberösterreich

- Wasserhenn: Semmelknödelscheiben in heißer Rindersuppe.
- Bratl: mit Bier beträufelter Käse mit Salz und Pfeffer.
- Zahlreiche Fischgerichte.
- Innviertlerrein: eine Art Metzelsuppe voll Fleisch, Wurst sowie Kraut und gefüllten Knödeln.
- Linzer Torte.

Salzburger Land

- Berühmt sind die Salzburger Nockerln. Dabei handelt es sich um eine Art Klöße aus Biskuitmasse, die in heißer Butter oder in Milch hellbraun gebacken und anschließend mit Zucker bestreut werden.
- Nicht zu vergessen die weit über das Salzburger Land hinaus berühmten Mozartkugeln.

Vorarlberg

- Die Küche ist alemannisch beeinflußt, und so gibt es hier die sowohl im Badischen als auch im Württembergischen bekannte Flädlesuppe: in Streifen geschnittene Pfannkuchen in einer klaren Suppe.
- Kässpätzle.
- Knöpfle: Dies sind etwas kürzere Spätzle, welche als Beilagen zu allerlei Braten und anderen Gerichten gereicht werden.
- Riegel: Brei aus Weizen- oder Maisgrieß sowie Butter und

Milch. Erkaltet, wird das Ganze in Butter oder Öl gebraten und in mundgerechte Stücke zerstochen.

- Typisch für das Vorarlberger Land sind Kriesewasser (Kirschbrand), Zwetschkeler (Zwetschgenbrand) und andere Brände.

Schweiz

In die folgende Übersicht haben wir aus Platzgründen vor allem typische Speisen aus der deutschsprachigen Schweiz aufgenommen. Die kulinarische Vielfalt ist noch viel größer, so gibt es Schätzungen zufolge über 500 Käsesorten in der Schweiz.

- Die reichhaltige Käsetradition hat Speisen wie Fondue und Raclette begründet.
- Ebenfalls aus der Schweiz stammt das Bircher Müesli.
- Typisch für das *Basler Gebiet* ist der Lummelbraten: ein rosa gebratenes Rinderfilet mit Gemüse und einer Soße aus Fleischbrühe und Weißwein.
- Im *Bereich Schaffhausen* typisch: Bölletünne, ein Blechkuchen (Tünne = flacher, belegter Kuchen) mit Zwiebelstreifen (Bölle = Zwiebel), Speckwürfeln und einer Auflage aus Sauerrahm, Eiern, Kümmel und Muskatnuß.
- Im *Thurgau* entlang des Bodenseeufers sind Blaufelchen, Brachsen und Gangfische (kleine Renken bzw. auch Felchen genannt) geräuchert oder gebacken Delikatessen, ebenso der dort Chretzer genannte Flußbarsch.
- Zu weiteren Spezialitäten gehören Spätzle mit geriebenen Äpfeln, Apfelkuchen, Most und – ebenfalls im *Kanton Thurgau* – der Tilsiter Käse, den dort ein Käsemacher einst aus dem ostpreußischen Tilsit einführte.
- *Bereich Appenzell:* Käse- und Rahmfladen, Gsödsupp (eine Gerstensuppe mit »Wäldi« genanntem Eisbein).
- Typisches *Appenzeller* Gebäck ist ein »Biber« genannter, dreieckiger Honiglebkuchen, der vielfach mit einer Mandelmasse gefüllt ist.
- Die *St. Gallener* Bratwurst besteht aus Kalbfleisch, etwas

Speck, Milch und Gewürzen; dazu wird ein Birli-Brötchen gegessen.

- Im *Bereich St. Gallen* gibt es nicht nur delikate Kuchen wie die Klostertorte (mit Johannisbeer-, Himbeer- oder Aprikosenkonfitüre), sondern auch qualitätvolle Weine, wie Grauburgunder, Gewürztraminer, Kerner und Bacchus-Rebe.
- Zu *Graubünden* gehören das Bündner Fleisch, die Gerstensuppe Schuppa da giutta aus geräuchertem Fleisch (Rind- und Schweinefleisch), Würstchen, Speck und Wurzelgemüse sowie zahlreiche Gerichte aus Hirsch, Reh, Gemse, Ziege und Schaf.
- Eine weitere Schweizer Spezialität ist der Schabziger *(Kanton Glarus)*, ein harter Kräuterkäse aus Kuhmilch, der vor allem zum Würzen verwendet und als Brotaufstrich ebenso gegessen wird wie zu Spätzle oder Klößen.
- Der Eintopf Cazzuola aus Schweinerippchen (Rippli), Kartoffeln, Wurzelgemüse, Rotwein und Speck ist eine Spezialität im *Kanton Uri.*
- Im *Kanton Schwyz,* Wappen- und Namensgeber der Schweiz, ist die Käsesuppe (Chässuppe) aus geriebenem Käse, eingeweichten Brotwürfeln und Zwiebelschmälze ebenso eine Spezialität wie Nonnenkräpflein (gefüllte Krapfen mit geriebenen Mandeln, Zucker, Zimt und Zitronenschale).
- Stunggis, ein Eintopf aus Gemüse, Kartoffeln, Zwiebeln und Schweinefleisch, kommt aus *Unterwalden.* Dort ist auch das Ofetori verbreitet: überbackener, mit magerem Speck und Muskatnuß angerichteter Kartoffelbrei.
- *Luzerner* Spezialitäten: mit Kräutern gefüllte Martinsgans; Chügelipastete, bestehend aus Blätterteig mit einer Kalbfleisch-/Schweinefleischfüllung mit kleinen Kugeln aus Kalbs- und Schweinebrät mit Äpfeln, Koriander, gehackten Zwiebeln, Majoran und Weißwein in Champignonsoße mit Rosinen, gerösteten Mandeln, Grappa oder Kirsch.
- *Kanton Zug:* gehacktes Rindfleisch mit Zwiebeln, Gewürzen und altbackenem Brot in Weißkohlblatt: Chabisbünteli.
- Aus dem *Kanton Zürich* hat das Zürcher Geschnetzelte (geschnetzeltes Kalbfleisch in einer hellen Weißweinsoße) seinen weltweiten Siegeszug angetreten. Dort ist auch vielseitiges Kleingebäck zu Hause.

- Im *Aargau* typisch: Rüblitorte (Rührkuchen mit geraspelten Karotten und geriebenen Haselnüssen).
- *Kanton Bern:* Emmentaler Käse, Erbsensuppe mit Eisbein, Schweinerüssel, Schweinespeck, Wurzelgemüse und Zwiebeln, Berner Platte (eine Schlachtplatte mit Schweine-, Rindfleisch, Zunge, Speck und Schinken mit Sauerkraut, Dörrbohnen und Salzkartoffeln), Rösti aus geriebenen Kartoffeln, die in Butter oder Schmalz goldbraun gebraten werden. Mitunter zusammen mit Speck, Zwiebeln oder Käse.
- Ebenfalls aus dem *Kanton Bern* stammt die Meringe, das weltbekannte Schaumgebäck, das aus Eischnee mit Zucker und Rahm hergestellt wird.
- Leberspießchen und eine Blätterteigpastete mit Zunge und Champignons gelten als typisch für den *Kanton* und die *Stadt Solothurn.*
- Ob Greyerzer Käse im *Kanton Freiburg,* leckere Fischgerichte im *Kanton Neuchâtel,* herrliche Eintöpfe im *Waadtland* oder noch viele andere Leckereien etwa aus dem Wallis oder dem Tessin: Die Schweiz ist, kulinarisch gesehen, fast schon Europa im Miniformat.

Luxemburg

- Geräuchertes Schweinefleisch mit dicken Bohnen oder Sauerkraut.
- Spanferkel in Aspik (Cochon de lait en gelée).
- Ardennenschinken.
- Friture: Fischgericht von der Weinstraße.
- Ein klassisches Entrée ist »Bouneschlupp«. Wie bei allen Nationalspeisen kann der Name nicht angemessen übersetzt werden. »Bouneschlupp« ist weder ein »potage aux haricots verts« noch eine simple »grüne Bohnensuppe«, sondern die typisch luxemburgische Art, ein großes Menü einzuleiten.
- Die »Quetscheflued«, eine fruchtige Zwetschgentorte, ist ein typisches Gericht zur Erntezeit im September.
- Sehr traditionell: weiße Moselweine, Biere wie Mousel, Bofferding, Diekirch, Funck und Simon.

Fleisch – fachgerecht zerlegt

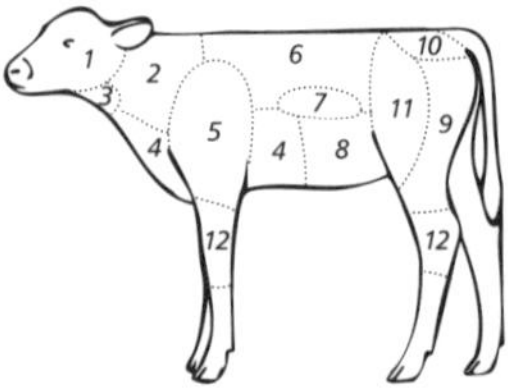

KALB

1 Kopf – 2 Hals, Kamm, Nacken; Österreich: Halsfleisch, Halsel – 3 Bries; Österreich: Bröschen; Schweiz: Milken – 4 Kalbsbrust – 5 Schulter, Bug, Blatt; Schweiz: Laffe – 6 Rücken mit Kotelett-, Rippenstück und Nieren-, Sattelstück; Österreich: Karree und Nierenbraten; Schweiz: Karree und Nierenstück – 7 Filet – 8 Bauchlappen, Dünnung, Flanke; Österreich: Dünne Brust; Schweiz: Brust – 9 Keule, Schlegel; Schweiz: Stotzen, Schenkel – 10 Kleine Nuß, Schwanzstück; Österreich: Schlußbraten; Schweiz: Unterspälte – 11 Große Nuß – 12 Hachse, Bein; Österreich: Stelze; Schweiz: Stotzen

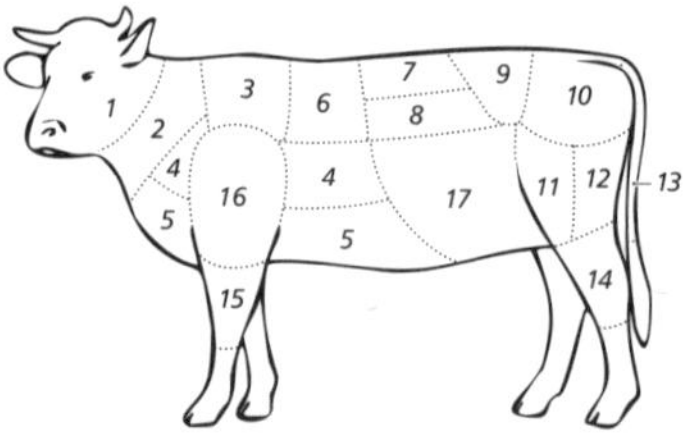

RIND

1 Kopf – 2 Hals, Nacken, Kamm; Österreich auch: Drüstel, Vorderes Ausgelöstes – 3 Schmorrippe, Fehlrippe; Österreich: Rippenspitz, Hinteres Ausgelöstes, Kavaliersspitz; Schweiz: Abgedeckter Rücken – 4 Querrippe, Spannrippe, Quernierenstück; Österreich: Platte, Kronfleisch – 5 Brust – 6 Hochrippe, Rippenstück, Rostbraten, Entrecote; Österreich: Krustelspitz; Schweiz: Hohrücken – 7 Lende, Roastbeef, Steak; Österreich: Beirind; Schweiz: Nierstück, Huft – 8 Filet; Österreich: Lungenbraten – 9 Hüfte; Schweiz: Stotzen, Schenkel – 10 Keule mit Oberschale, Unterschale, Blume, Kleine Nuß, Rose mit Tafelspitz; Österreich: Tafelspitz, Beinscherzel, Tafelstück, Hüferschwanzel; Schweiz: Rumsteak, Huftdeckel – 11 Nuß, Maus, Kugel; Österreich: Zapfen; Schweiz: Flache Nuß, Runde Nuß, Vorschlag mit Schale – 12 Schwanzstück, Krikadeau mit Unterschale; Österreich: Schwarzes Scherzel, Gestutztes; Schweiz: Unterspälte – 13 Ochsenschwanz;

Österreich: Schlepp – 14 Haxe, Hachse, Beinfleisch, Hinterkesse, Ochsenbein; Österreich: Hinteres Pratzel; Schweiz: Hinterschenkel, Ganze Keule (Stotzen) – 15 Vorderkesse; Österreich: Vorderes Pratzel, Bugschnitzel, Wadschinken; Schweiz: Vorderschenkel – 16 Schulter, Schaufelstück, Falsches Filet, Bug, Blatt, Falsche Lende; Österreich: Fettes Meisel, Mageres Meisel; Schweiz: Schulterspitz, Schulterfilet, Dicke Schulter – 17 Flanke, Fleischdünnung, Bauchlappen, Lappen; Österreich: Bauchfleisch, Riedhüfel; Schweiz: Lempen

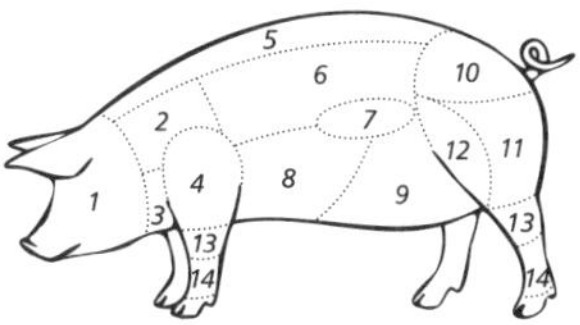

SCHWEIN
1 Kopf mit Schnauze (Rüssel), Schweinebacken, Ohren – 2 Nakken, Hals, Kamm; Österreich: Schopfbraten – 3 Brust, Dicke Rippe, Brustspitze, Rippenbrust – 4 Schulter, Schaufel, Bug, Blatt; Schweiz: Schüfell, Laffe – 5 Rückenspeck – 6 Kotelett, Karree, Rücken, Kotelettstrang; Österreich: Lange Karbonaden; Schweiz: Rippli – 7 Filet; Österreich: Lungenbraten, Jungfernbraten – 8 Bauch; Schweiz: Brust – 9 Wamme – 10 Hüfte, Schinkenspeck – 11 Schinken, Oberschale, Keule, Schlegel; Schweiz: Stotzen – 12 Nuß, Maus, Nußschinken – 13 Eisbein, Haxe, Hachse – 14 Fuß

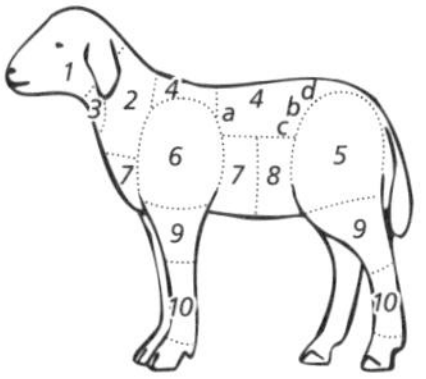

LAMM
1 Kopf – 2 Hals; Österreich: Halsfleisch – 3 Bries; Österreich: Bröschen; Schweiz: Milken – 4 Nacken, Kamm, Rücken; Österreich: Karree; Schweiz: Karree, Sattel – 4a Kotelettstück; Österreich: Schöpsenkotelett – 4b Lendenkotelett, Sattel; Schweiz: Nierstück – 4c Filet, Medaillons, Nüßchen – 4d Österreich: Schlußbraten – 5 Keule; Österreich: Schlegel; Schweiz: Gigot, Schlegel – 6 Bug, Schulter, Blatt; Schweiz: Laffe – 7 Brust, Spitzbrust; Österreich: Brüstel – 8 Bauch, Flanke; Österreich: Bauchfleisch; Schweiz: Brust – 9 Hachse, Haxe; Österreich: Stelze – 10 Fuß

Meine Tips rund ums Essen

Eine gutgefüllte Vorratskammer

»Ab in die Bohnen!« hieß Omas Schlachtruf im Spätsommer. Das Wort »Bohnen« stand als Synonym für alles, was jetzt im Garten reif zur Ernte war. Opa holte die Einweckgläser (in anderen Gegenden sagt man auch »Einmachgläser«) aus dem Keller, und dann wurde oft bis spät in die Nacht hinein eingekocht. Oma hat beim Einkochen immer die ganze Familie mit eingespannt. Wir Kinder mußten Pflaumen entkernen, Gewürzgurken mit der Wurzelbürste abschrubben, Johannisbeeren von der Rispe zupfen und Böhnchen schnippeln. Opa spülte die Gläser heiß aus und kümmerte sich um den Backofen.

Am Ende des Sommers war Oma geschäftig wie ein Eichhörnchen, das Vorräte für den Winter anlegt: Sie kochte Marmelade ein, preßte Früchte für Säfte aus und füllte Weckgläser mit Obst und Gemüse. Zwischendurch rief sie uns alle immer wieder zur Ordnung und mahnte äußerste Sauberkeit an, denn Verunreinigungen öffnen Mikroorganismen und Bakterien Tür und Tor. Sie gefährden die Haltbarkeit.

In harten Zeiten mit Versorgungsengpässen, z. B. während der Nachkriegszeit, war das Eingemachte in den Gläsern im Keller oft überlebenswichtig. Der Spruch »ans Eingemachte gehen« kommt aus Zeiten der Not und bedeutet nichts weniger als »die Reserven anbrechen« – und damit das Überleben riskieren.

Übrigens: Weckgläser verdanken ihren Namen einem gewissen Johann Weck, der 1895 das Patent für das Einkochverfahren des Chemikers Dr. Rudolf Rempel erwarb.

Wie man Lebensmittel durch Erhitzen haltbar macht und Mikroorganismen abtötet, wußten allerdings schon die Römer. Der Dichter Varro (116–27 v. Chr.) hielt für die Nachwelt fest, wie die alten Römer ihre Früchte in Tonkrüge eingelegt haben. Das

Einmachprinzip ist nichts weiter als eine Sterilisation: Durch das Erhitzen entsteht im Glas zunächst ein Überdruck. Die Luft erwärmt sich und entweicht durch den Gummiring. Wenn die Gläser dann abkühlen, entsteht im Inneren des Einmachglases ein Unterdruck (Vakuum). Der Gummi saugt sich fest, der Unterdruck hält den Deckel, und das Glas ist perfekt verschlossen.

Damit schädliche Mikroorganismen vollends zerstört werden, liegt die Temperatur beim Einkochen über 100 Grad. Es gibt Sterilisierapparate, doch Oma hat ihre Einmachgläser immer im heimischen Backofen sterilisiert. Das Einweckgut wird entweder roh oder vorgekocht in die penibel gereinigten und heiß ausgespülten Gläser gefüllt, mit Wasser oder Sud so weit aufgefüllt, daß der Inhalt mit Flüssigkeit bedeckt ist. Dann werden die Gläser mit Gummiring und Deckel verschlossen. Die Brat- oder Fettwanne des Backofens wird etwa einen Zentimeter hoch mit Wasser gefüllt, die befüllten Einweckgläser werden in das Wasserbad gestellt. Die Deckel werden jetzt mit einem Drahtbügel fixiert, damit sie nicht aufspringen. Dann wird der kalte Backofen auf 180 Grad erhitzt. Wenn der Einmachsud im Glas zu sprudeln beginnt und wie Sekt perlt, muß der Ofen ausgestellt werden. Die Gläser bleiben jetzt noch etwa eine Stunde im Ofen. Nach dem Abkühlen sind sie dicht verschlossen. Kommt Luft ans Eingemachte, verdirbt es. Gut verschlossen dagegen, ist das Einweckgut jahrelang haltbar.

Eine andere Alternative ist der Einweckkessel, in dem die Weckgläser auf der Herdflamme erhitzt werden. In seinem Deckel ist ein Loch, in dem das Einweckthermometer steckt, so daß man die Temperatur im Topf genau kontrollieren und steuern kann.

Obst kocht man am besten mit Zucker im Verhältnis 1:1 ein: Obst mit dem Zucker mischen, gut fünf Minuten kochen lassen, in die heiß ausgespülten Gläser füllen, verschließen und auf den Kopf stellen, bis sie abgekühlt sind.

Wie kann man Lebensmittel selber konservieren?

Eingekochtes Gemüse
Bohnen im Weckglas: Grüne Bohnen in Stücke schneiden und fünf Minuten in kochendem Wasser blanchieren, kalt abschrekken, abtropfen lassen und dann im Einmachglas bis knapp unter den Rand schichten. Das Glas wird anschließend mit heißem Salzwasser (1 l Wasser/10 g Salz) aufgefüllt, verschlossen und dann 90 Minuten lang eingekocht.

Saft, selbstgemacht
Kirschen, Äpfel, Birnen und alle Beerensorten sind für Säfte ganz besonders geeignet. Auch Saft macht man mit Hilfe von Zucker oder Hitze haltbar. Es gibt Dampfentsafter. Das sind spezielle Töpfe, in denen Wasser erhitzt wird. Der Dampf, der dabei entsteht, bringt die Früchte zum Platzen – der Fruchtsaft läuft in einen speziellen Behälter. Der fertige Saft muß in gründlich gereinigte, vorgewärmte Flaschen abgefüllt und sofort verschlossen werden.

Man kann Saft aber auch durch einfaches Kochen gewinnen. Die Früchte werden in Wasser weichgekocht, dann in ein Leinentuch gegeben. Über Nacht läßt man den Saft aus dem Tuch in eine Schüssel tropfen. Oma hat das Tuch immer zwischen den Stuhlbeinen (Stuhl umdrehen) befestigt. Am nächsten Tag wird der so gewonnene Saft noch mit Zucker verrührt und aufgekocht.

Alle Früchte des Jahres in Alkohol eingelegt: der klassische Rumtopf
Rumtöpfe sind aus Keramik und fassen meist über drei Liter Inhalt. Im Mai werden die ersten Früchte – die Erdbeeren – angesetzt. Im Juli kommen dann Kirschen und Himbeeren, im August Brombeeren, im September Pfirsiche, im Oktober Mirabellen und Pflaumen, im November grüne Walnußkerne und zum Abschluß im Dezember Mandarinen in den Topf.

Alle Früchte werden gut gewaschen. Jeweils 500 g Obst wird mit 250 g Zucker bestreut. Man läßt die Früchte eine Stunde ziehen. Dann kommen sie in den Topf und werden mit Rum aufgegossen. Der Alkohol muß die Früchte gut bedecken. Der Topf muß kühl und dunkel stehen.

Sauer macht lustig: Gewürzgurken einlegen

ZUTATEN:
2 kg Gurken
5 Zwiebeln
1 1/4 l Branntweinessig
750 ml Wasser
2 Zitronen
70 g Salz
200 g Zucker
Dillkronen
1 EL weiße Pfefferkörner
2 Lorbeerblätter
4 Gewürznelken

ZUBEREITUNG:
Gereinigte Gurken 24 Stunden in Salzwasser (100 g Salz auf 1 1/2 Liter Wasser) legen und an einen kühlen Ort stellen. Dann die Gurken trockentupfen. Zwiebeln vierteln. Essig, Wasser und den Saft der Zitronen mit Salz und Zucker aufkochen. Gurken mit den Zwiebelstücken und allen Gewürzen ins Glas geben und mit dem kochenden Sud auffüllen. Gläser sofort verschließen. Jetzt müssen die Gurken etwa 6 Wochen ziehen.

Milchsauer eingelegtes Gemüse
Nicht nur Sauerkraut, auch feste Gemüse wie rote Beete, Blumenkohl, Möhren, Bohnen, Zwiebeln, Rotkohl, Paprika und Sellerie sind für milchsauer eingelegtes Gemüse bestens geeignet. Das Gemüse wird geschnitten und in heiß ausgespülte Einweckgläser gefüllt. Dann mit warmem Salzwasser auffüllen (20 g Salz auf 1 Liter Wasser), das vorher aufgekocht wurde. Gläser verschließen und 10 Tage bei 20 Grad stehen lassen. Dann muß das Gemüse bei 5 bis maximal 10 Grad reifen.

Meine Einmachrezepte

Heilen und Pflegen

Mit dünnem Stimmchen, unterbrochen von heftigen Hustenanfällen, versuchte Annemarie aus den heiser-krächzenden Tönen, die aus ihrem Mund kamen, Worte zu formen. Jetzt lief auch noch die Nase! »Ich habe Sie wirklich nicht verstanden«, sagte die Apothekerin und setzte ein mitleidiges Gesicht auf. Dabei wollte Annemarie eigentlich ihre Apotheke leerkaufen: etwas gegen Halsschmerzen, etwas gegen Husten, gegen Schnupfen und vor allem gegen Heiserkeit. Als ihr erneuter Versuch, sich verständlich zu machen, von einem Niesanfall vereitelt wurde, verschwand die Apothekerin zwischen den Regalen und kam mit einem Arm voller Medikamente zurück. »Das hier nehmen Sie jetzt gleich mit etwas Wasser, die Dragees sind gegen Fieber, der Erkältungssaft ist für eine ruhige Nacht, und dann lutschen Sie stündlich eine von diesen Tabletten. Das Vitaminpräparat brauchen Sie, um das Immunsystem zu stärken. Außerdem viel Calcium, Magnesium und Zink. Ach ja, einreiben sollten Sie sich auch noch – macht insgesamt 78 Euro!«

Am nächsten Morgen fühlte Annemarie sich grauenvoll. Zu all dem Geschnupfe und Gehuste kamen jetzt auch noch üble Kopfschmerzen hinzu. Ihr Hirn war wie umnebelt. Nichts war besser geworden.

Ihr Anruf im Büro, mit dem sie sich krankmelden wollte, erinnerte an einen billigen TV-Sketch in einer Comedy-Serie. Ihr Chef konnte sie einfach nicht verstehen und legte auf.

Annemarie brauchte also dringend Hilfe und rief bei uns an. Uns fiel sofort unsere Freundin Erika ein. Sie ist 76, kommt aus Ostpreußen und geht schon wegen ihrer kleinen Rente nur selten in die Apotheke. Erika, die allerlei Hausmittelchen kennt, wußte

Rat und kam gleich vorbei. »Klarer Fall für einen Kartoffelwickel«, sagte sie.

Kartoffelwickel?! Bevor Annemarie protestieren konnte, hatte Erika schon Pellkartoffeln aufgesetzt. »Für den Wickel«, sagte sie triumphierend, zerquetschte die gekochten Knollen, wickelte sie in ein Geschirrtuch und legte das Ganze auf Hals und Brust der Patientin. Löffelweise trichterte sie ihr dann noch einen Sud aus gekochten Zwiebeln und Zucker ein. »So, jetzt wird erst mal geschlafen«, befahl Erika schließlich liebevoll.

Am nächsten Morgen konnte Annemarie zwar noch nicht ins Büro, aber der Husten tat längst nicht mehr so weh. Sie konnte auch wieder schmerzfrei schlucken, nahm ihre Umwelt klar und deutlich wahr und konnte vor allem wieder reden.

Wie werden Wickel angewendet?

Wickeltücher sollten aus Naturmaterialien wie Seide (Schals), Leinen (Geschirrtücher), Baumwolle oder Schafwolle bestehen. Richtig gewickelt ist man nach dem Drei-Tücher-Prinzip: Das Innentuch mit dem Wirkstoff liegt direkt auf der zu behandelnden Stelle. Darüber kommt ein etwas größeres Tuch, darauf das Außentuch. Bei warmen Wickeln verstärkt eine Wärmflasche die Wirkung. Nach dem Wickeln soll man ruhen. Abends ist übrigens die beste Wickelzeit.

Welche Wickel wirken bei Gelenkschmerzen?

Weißkohlwickel helfen bei Arthrose und Arthritis. Im Kühlschrank vorgekühlte Weißkohlblätter mit einem Kartoffelstampfer oder der Rückseite eines Suppenlöffels weichklopfen, dann locker auf die schmerzenden Gelenke binden und mindestens eine Stunde wirken lassen.

Quarkwickel mehrmals täglich um die Gelenke binden, um den Schmerz zu lindern. Gekühlten Quark auf ein Geschirrtuch verteilen und so lange einwirken lassen, bis der Quark getrocknet ist.

Kartoffelwickel werden bei Gelenkschmerzen heiß angewandt. Frischgekochte Kartoffeln stampfen, sofort in ein Tuch geben und locker um das Gelenk legen. Einwirken lassen, bis die Kartoffeln erkaltet sind.

Welche Wickel wirken bei Hexenschuß?

Schnapswickel helfen gegen Hexenschuß und Ischiasschmerzen. Dafür zwei Gläschen klaren Schnaps (z. B. Korn oder Gin) erhitzen und ein Geschirrtuch mit dem heißen Schnaps tränken. Den heißen Wickel möglichst lange auf die schmerzende Stelle legen und unter einer wärmenden Wolldecke die Hitze halten.

Meerrettichwickel sollen nur 20 Minuten einwirken. Dazu Meerrettich reiben, mit der gleichen Menge Vollkornmehl verrühren und über einem Wasserbad erwärmen. Den Brei in ein Leinentuch geben und auf die schmerzende Stelle legen.

Welche Wickel wirken bei Erkältung?

Zitronenwickel: Eine unbehandelte Zitrone in Stückchen schneiden und in kaltem Wasser über Nacht ziehen lassen. Morgens die Zitronenstückchen mit der Gabel zerdrücken. Ein Geschirrtuch in das Zitronenwasser tauchen, auswringen und um den Hals legen. Mit einem trockenen Tuch und einem Schal festbinden und eine Stunde einwirken lassen.

Schmalzwickel sind eine fettige, aber sehr wirksame Methode gegen Erkältung. Ein Taschentuch in lauwarmes Schmalz tauchen, abtropfen lassen und über Nacht auf den Hals legen.

Zwiebelwickel sind vielseitig verwendbar, wirken aber besonders gut gegen Ohrenschmerzen. Eine gewürfelte Zwiebel wird in ein Taschentuch gewickelt, im Backofen kurz erwärmt und dann auf das schmerzende Ohr gelegt, bis der Wickel erkaltet ist.

Kartoffelwickel bei Erkältungskrankheiten so heiß wie möglich verwenden. Kartoffeln kochen, zerdrücken und in einem Leinentuch auf den Hals legen. Darüber wird ein wärmendes Wolltuch gewickelt. Wickel so lange tragen, bis die Kartoffeln erkaltet sind.

Quarkwickel müssen bei Erkältung über Nacht einwirken. Quark in ein Leinentuch verteilen und auf den Hals legen.

Johanniskraut hellt die Seele auf: heiße und kalte Getränke für Körper und Psyche

Grundsätzlich: Die Zutaten sollten stets frisch und unbehandelt sein. Ob heiß oder kalt, am besten genießt man auch weniger wohlschmeckende Getränke schlückchenweise. Dann wirken sie am besten.

Was wirkt gegen Schlaflosigkeit?

Bier mit zwei Teelöffel Honig erwärmen und dann das Glas Schlückchen für Schlückchen langsam trinken.

Milch mit Honig erhitzen. Schmeckt besser als warmes Bier, ist absolut alkoholfrei und wirkt genauso effektiv.

Zwiebeln in den Entsafter geben, vor dem Zubettgehen eine Tasse von dem rohen Zwiebelsaft trinken, und schon fallen die Augen zu.

Hopfen enthält gesunde Bitterstoffe (Humulon), die nicht nur in Bier, sondern vor allem als Tee beruhigen und entspannen.

Was wirkt gegen Erkältung?

Zwiebeln, etwa ein halbes Kilo, in Ringe schneiden und mit 250 g Kandiszucker in etwas Wasser eine halbe Stunde auf kleiner Flamme köcheln. Gut ziehen und erkalten lassen. Von dem Sud mehrmals täglich einen Eßlöffel wie Hustensaft einnehmen. Man kann auch zwei große Zwiebeln würfeln und in einem halben Liter Wasser eine Viertelstunde kochen. Dann den Zwiebelsud mit heißem Fencheltee mischen und mit dunklem Kandis süßen. Ebenfalls schlückchenweise trinken.

Holunderbeeren in etwas Wasser aufkochen und den Saft durch einen Leinenbeutel pressen. Ein Glas von dem Holunderbeersaft mit einer ausgepreßten Zitrone mischen, mit Honig süßen und heiß trinken.

Auch *Knoblauch* mit Zitronensaft ist ein wirksamer Erkältungstrunk. Dazu vier Zehen auspressen, mit dem Saft von zwei Zitronen mischen und trinken. Die schwefelhaltigen Säuren (Allin) töten die Bakterien ab.

Kamille wirkt als Tee gegen eine Reihe von Beschwerden. Die Inhaltsstoffe der getrockneten Blüten enthalten ätherische Öle (Azulen). Kamille hemmt, äußerlich angewandt, Entzündungen und beruhigt. Gegen üble Erkältungssymptome: Zu gleichen Teilen jeweils 30 g Kamille, Eukalyptus, Salbei und Thymian mit kochendem Wasser aufgießen, in eine Schüssel geben und unter einem Handtuch den Dampf inhalieren.

Malve wirkt im Rachenraum gegen Heiserkeit und Entzündungen, wenn man aus dem Laub einen Tee brüht.

Pfefferminze wird gegen Schwindel, Kopfschmerzen und Erkältungskrankheit als Tee getrunken. Das in der Pfefferminze enthaltene Menthol ist ein vielseitiger Wirkstoff.

Was wirkt gegen schlechte Stimmung oder Traurigkeit?

Johanniskraut hellt die Seele auf. Zwei Teelöffel Johanniskraut mit einem halben Liter kochendem Wasser aufgießen, 10 Minuten ziehen lassen und 5mal täglich trinken. Die antidepressive Wirkung des hypericinhaltigen roten Pflanzenöls setzt nach ein paar Tagen ein.

Zitronenmelisse enthält ätherische Öle und Harze, die Hirn und Herz beleben. Als Tee wird Zitronenmelisse gegen Nervosität und Traurigkeit aufgebrüht.

Was wirkt gegen Bauchweh?

Kümmel wirkt gegen Blähungen, wenn man zwei Teelöffel Kümmel mit einem Teelöffel Anis und einem Teelöffel Fenchel etwa 10 Minuten in einem halben Liter Wasser kochen läßt. Der Sud muß dann noch 15 Minuten ziehen, bevor er in kleinen Schlukken getrunken wird. Auch Kümmelöl hilft gegen Blähungen: 20 Tropfen von dem Öl in einen halben Liter heiße Milch rühren und langsam trinken.

Dill fördert die Verdauung, wenn man die Früchte als Tee trinkt.

Basilikum, als Tee aufgebrüht, lindert Bauchweh.

Salz ist ein Mineral, das normalerweise in geringer Dosis verwendet werden soll. Bei Durchfallerkrankungen verliert der Körper jedoch Salz. 1 Teelöffel Salz mit 10 Teelöffel Zucker und einer ausgepreßten Orange in Wasser auflösen und langsam trinken.

Ein halber Teelöffel Kochsalz, in einer Tasse Wasser gelöst, wirkt gegen Sodbrennen.

Was hilft aus dem Kräutergarten?

Akne: Eisenkraut, Schafgarbe
Angina: Lavendel, Salbei, Rosmarin
Arterienverkalkung: Knoblauch
Asthma: Lorbeere, Thymian, Spitzwegerich
Blähungen: Anis, Fenchel
Bronchitis: Fenchel, Lavendel, Rosmarin, Hagebutte
Darmkoliken: Kamille, Fenchel, Pfefferminze
Durchfall: Bohnenkraut, Lavendel, Heidelbeere
Grippe: Hagebutte, Lindenblüte, Fenchel, Kamille
Halsschmerzen: Huflattich, Salbei
Krämpfe: Kamille, Pfefferminze, Melisse, Echte Schafgarbe
Magenbeschwerden: Kamille, Malve, Melisse, Pfefferminze
Nervosität: Baldrian, Fenchel, Hopfen, Lavendel, Melisse
Rheuma: Lavendel, Löwenzahn, Rosmarin

Was wirkt gegen Warzen?

Mond gegen Warzen: Mystisch klingen die Mittel gegen Warzen, doch sie sollen alle wirken. Wenn man nur daran glaubt. Nichts gegen Omas Weisheiten, aber wir haben hier so unsere Zweifel, schließlich hat schon Eugen Roth gesagt: »Die Warze widersteht mit Kraft selbst allerhöchster Wissenschaft.« Doch auch hier gilt der Satz »Wer heilt, hat recht«, und darum versuchen Sie es doch einfach mal mit einem der beiden folgenden Tips.

- Wer bei Vollmond eine frische *Zwiebel* durchschneidet und die Warze damit bestreicht, muß nur den richtigen Spruch aufsagen. Etwa: »Warze, Warze, paß mal auf: Mondschein bremset deinen Lauf!« Die Zwiebel soll dann am Rand eines Kräuterbeets vergraben werden.
- In Österreich bindet man die pelzige Innenseite der Schale von *dicken Bohnen* auf die Warze und wartet, bis die Haut dunkel geworden ist. Dann soll die Warze abheilen.

Was mir geholfen hat

Die Weisheit des Lebens

Wenn Oma sich über jemanden geärgert hat, hatte sie immer ein Zitat parat. Oft zitierte sie mit ernster Miene und erhobenem Zeigefinger Konrad Adenauer: »Man muß die Menschen nehmen, wie sie sind – andere gibt's nicht!«

Oma hatte solch einen »Adenauer« für jede Gelegenheit. Schien die Lage aussichtslos, blickte sie staatstragend in die Runde und sagte mit erhabener Stimme: »Wenn die anderen glauben, am Ende zu sein, muß man erst anfangen.« Und hegte sie den leisen Verdacht, daß wir sie ein wenig beschwindelt hatten, lächelte sie nachsichtig und zitierte »den Alten« (so nannte sie Konrad Adenauer liebevoll) mit der weisen Warnung: »Lüge nie, denn du kannst ja doch nicht behalten, was du alles gesagt hast …«

Was für Oma ihr Adenauer war, war Matthias Claudius für unsere Mitschülerin Erika. Jedem in der Klasse schrieb Erika den Claudius-Satz »Sage nicht alles, was du weißt, aber wisse alles, was du sagst!« ins Poesiealbum. Darüber und darunter klebte sie dicke Engelchen oder Susi-und-Strolch-Glanzbilder. Gefragt, was das denn heißt, sagte Erika selbstbewußt: »Weiß nicht, aber stimmt! Oma sagt das immer!«

Was wäre unsere Welt ohne weise Sprüche? Als der Begriff »Emanze« für Oma Befreiung und Frauenpower verhieß und Opa sich in der Küche mit Trockentuch und Scheuerbürste zu schaffen machte, galt der Satz »Eine gescheite Frau hat Millionen geborener Feinde: alle dummen Männer!« als revolutionär. Wer glaubt, der sei von *Emma*-Gründerin Alice Schwarzer in den Geschlechterkampf geworfen worden, irrt gewaltig. Marie von Ebner-Eschenbach (sie lebte von 1830–1916, lange vor der »Emanzen«-Zeit) hat ihn geprägt.

Sinnsprüche, dumme Sprüche, Zitate und Volksweisheiten sind entweder goldene Worte ihrer Zeit, die ein kurzes Verfallsdatum haben. Oder sie wandern unbeschadet und wertvoll wie eh und je durch die Jahrzehnte und verlieren nicht an Gültigkeit. Viele Sprüche sind an die jeweilige Generation gebunden (»Stell dir vor, es ist Krieg und keiner geht hin«), andere verraten eine Menge über ihren Absender, so z. B. der Satz von Marlene Dietrich: »Die meisten Frauen nehmen sich vor, ihren Mann zu ändern. Und wenn sie ihn geändert haben, gefällt er ihnen nicht mehr.« Oder von Frauenfreund Curd Jürgens: »Alles, was Spaß macht, hält jung.« Es gibt Sätze, die muß man erst sacken lassen, um sie zu verstehen: »Es gibt vielerlei Lärm. Aber es gibt nur eine Stille.« (Kurt Tucholsky).

Manchmal haben kluge Worte auch keinen Absender: »Glück ist das einzige, was sich verdoppelt, wenn man es teilt.« Trotzdem können auch sie entlarvend sein und viel über den flotten Sprücheklopfer aussagen: »Lieber einen guten Freund verlieren, als einen dummen Spruch auslassen.« (Stefan, ein guter Freund).

Zitate eignen sich auch hervorragend, um bürgerliche Bildung zu demonstrieren und die anderen in der Runde ein wenig in den Schatten zu stellen. Latein eignet sich ausgezeichnet dazu. Deshalb haben wir die wichtigsten Sprüche in Latein zusammengetragen, die »Angeber« kennen sollten, aber auch viele andere Zitate zu allen Lebensbereichen, mit denen Oma oft gepunktet hat.

Omas klügste Sprüche

In Latein

Alea iacta est. Die Würfel sind gefallen. (Julius Cäsar)
Carpe diem. Nutze den Tag.
Cogito, ergo sum. Ich denke, also bin ich. (René Descartes)
Cum grano salis. Wörtlich: Mit einem Körnchen Salz. Gemeint ist: Mit Vorsicht zu genießen (oder: ironisch gesagt).
Errare humanum est. Irren ist menschlich.

Festina lente. Eile mit Weile.

In dubio pro reo. Im Zweifel für den Angeklagten (römischer Rechtsgrundsatz).

In vino veritas. Im Wein liegt die Wahrheit.

Libri amici, libri magistri. Bücher sind Freunde, Bücher sind Lehrer.

Mea culpa. Meine Schuld.

Memento mori. Bedenke, daß du sterben wirst.

Mens sana in corpore sano. Ein gesunder Geist in einem gesunden Körper.

Mors certa, hora incerta. Der Tod ist gewiß, die Stunde ungewiß.

Omne initium difficile est. Aller Anfang ist schwer.

Ora et labora. Bete und arbeite (Ordensregel des heiligen Benedikt).

Principiis obstat. Wehret den Anfängen.

Quo vadis? Wohin gehst du?

Quod erat demonstrandum. Was zu beweisen war.

Scientia potentia est. Wissen ist Macht.

Suum cuique. Jedem das Seine.

Vae victis. Wehe den Besiegten.

Veni vidi vici. Ich kam, sah, siegte. (Julius Cäsar)

Zum Leben allgemein

Die Kunst ist lang, das Leben kurz. (Johann Wolfgang von Goethe)

Einen Vorsprung im Leben hat, wer da anpackt, wo die anderen erst einmal reden. (John F. Kennedy)

Laß uns das Leben genießen, solange wir es noch nicht begreifen! (Kurt Tucholsky)

Wenn du das Leben liebst, liebt es dich auch. (Arthur Rubinstein)

Wer nur um den Gewinn kämpft, erntet nichts, wofür es sich lohnt zu leben. (Antoine de Saint-Exupéry)

Fang jetzt an zu leben, und zähle jeden Tag als ein Leben für sich! (Lucius Annaeus Seneca)

Das Leben meistert man entweder lächelnd oder überhaupt nicht. (Chinesisches Sprichwort)

Der Lebenskünstler beginnt den Tag, indem er etwas Schönes küßt. (Marcello Mastroianni)

Ich habe einen ganz einfachen Geschmack: Ich bin stets mit dem Besten zufrieden. (Oscar Wilde)

Pessimisten sind die wahren Lebenskünstler, denn nur sie erleben angenehme Überraschungen. (Marcel Proust)

Frisch gewagt, ist halb gewonnen. (Horaz)

Wer zu spät kommt, den bestraft das Leben. (Michail Gorbatschow)

Mit 20 hat jeder das Gesicht, das Gott ihm gegeben hat, mit 40 das Gesicht, das ihm das Leben gegeben hat, und mit 60 das Gesicht, das er verdient. (Albert Schweitzer)

Über das Glück

Das größte Glück und das größte Unglück sind nur kleine Abweichungen von dem Gewöhnlichen. (Johann Wolfgang von Goethe)

Freu dich mit mir! Es ist so traurig, sich allein zu freuen. (Gotthold Ephraim Lessing)

Glück ist nie ganz ohne Leid; zum Begleiter hat es Neid. (Sprichwort)

Das Glück ist blind. (Marcus Tullius Cicero)

Das Glück, das gestern mich geküßt, ist heute schon zerronnen. (Heinrich Heine)

Mehr Glück als Verstand. (Redensart)

Halte das Glück wie den Vogel: so leise und lose wie möglich! (Friedrich Hebbel)

Willst du immer weiterschweifen? Sieh, das Gute liegt so nah. Lerne nur das Glück ergreifen, denn das Glück ist immer da. (Johann Wolfgang von Goethe)

Geld allein macht nicht glücklich. (Volksmund)

Über Essen und Trinken

Essen und Trinken hält Leib und Seele zusammen. (Sprichwort)

Wir leben nicht, um zu essen, wir essen, um zu leben! (Sokrates)

Essen ist das Zweitwichtigste im Leben. (Honoré de Balzac)

Kochen ist eine Kunst und keineswegs die unbedeutendste. (Luciano Pavarotti)

Wer nicht genießt, wird ungenießbar. (Konstantin Wecker)

Hunger ist der beste Koch. (Marcus Tullius Cicero)

Nach einer guten Mahlzeit kann man allen verzeihen, selbst seinen eigenen Verwandten. (Oscar Wilde)

Man lebt von guter Suppe und nicht von schöner Rede. (Jean Baptiste Molière)

Der Appetit kommt beim Essen. (Sprichwort)

Glück ist ein gutes Bankkonto, eine gute Köchin und eine gute Verdauung. (Jean-Jacques Rousseau)

Das Glück kommt beim Essen. (Französisches Sprichwort)

Im Schweiße Deines Angesichts sollst Du Dein Brot essen. (Bibelwort)

Über die Gesundheit

Klage nicht so sehr über einen kleinen Schmerz – das Schicksal könnte ihn durch einen größeren heilen! (Friedrich Hebbel)

Der Gesunde hat viele Wünsche – der Kranke nur einen. (Volksweisheit)

Ich habe viel in der Krankheit gelernt, das ich niemals in meinem Leben hätte lernen können. (Johann Wolfgang von Goethe)

Die meisten Menschen sterben an ihren Arzneien und nicht an den Krankheiten. (Jean Baptiste Molière)

Gegen Schmerzen der Seele gibt es nur zwei Heilmittel: Hoffnung und Geduld. (Pythagoras)

Schon verloschen sind die Stunden, Hingeschwunden Schmerz und Glück; Fühl es vor: du wirst gesunden! Traue neuem Tagesblick! (Johann Wolfgang von Goethe)

Gegen jede Krankheit ist ein Kraut gewachsen. (Volksweisheit)

Über die Weisheit

Grau, Freund, ist alle Theorie, und grün des Lebens goldner Baum! (Johann Wolfgang von Goethe)

Alles fließt. (Heraklit)

Wer alles leichtnimmt, wird viele Schwierigkeiten haben. (Laotse)

Hohe Gedanken entspringen der Tiefe des Herzens. (Chinesisches Sprichwort)

Der Edle hat, was er sucht, in sich selbst; der Alltagsmensch sucht es in anderen. (Konfuzius)

Wer auf sich selber ruht, steht gut. Wer sich an and're hält, dem wankt die Welt. (Paul Heyse)

Alte soll man ehren, Junge soll man lehren. Weise soll man fragen, Narren vertragen. (Sprichwort)

Kein Reichtum übertrifft den Reichtum der Gesundheit, kein Gut ein heiteres Gemüt. (Jesus Sirach)

Stille ist die größte Offenbarung. (Laotse)

Wer einen Fehler macht und ihn nicht korrigiert, begeht einen zweiten. (Konfuzius)

Das Schönste ist Harmonie. (Pythagoras)

Es gibt nichts Praktischeres als eine gute Theorie. (Immanuel Kant)

Man sieht nur mit dem Herzen gut. Das Wesentliche ist für die Augen unsichtbar. (Antoine de Saint-Exupéry)

Über die Liebe

Liebe hat kein Alter. (Blaise Pascal)

Liebt euch und verzeiht euch kleine Schwachheiten und trachtet, daß euch die gegenseitige Liebe alles ersetzet. (Johann Wolfgang von Goethe)

Liebe ist blind, aber sie sieht von weitem. (Toskanisches Sprichwort)

Was aus Liebe getan wird, geschieht immer jenseits von Gut und Böse. (Friedrich Nietzsche)

Ein Tröpflein Liebe ist mehr wert als ein ganzer Sack voll Gold. (Friedrich von Bodelschwingh)

Der Haß ist parteiisch, aber die Liebe ist es noch mehr. (Johann Wolfgang von Goethe)

Durch jede Liebe wird man ein bißchen menschlicher. (Boris Pasternak)

Die wirkliche Liebe beginnt, wo keine Gegengabe mehr erwartet wird. (Antoine de Saint-Exupéry)

Solange man jung ist, gehören alle Gedanken der Liebe – später gehört alle Liebe den Gedanken. (Albert Einstein)

Über die Ehe

Die Ehe muß unablässig ein Ungeheuer bekämpfen, das alles verschlingt: die Gewohnheit. (Honoré de Balzac)

Die meisten Differenzen in der Ehe entstehen dadurch, daß die Frau zuviel redet und der Mann zuwenig zuhört. (Curt Goetz)

Frieden ist die Grundlage des ehelichen Glücks. (Talmud)

Eine gute Ehe besteht aus einer besseren Hälfte und einer stärkeren Hälfte. (Victor de Kowa)

Das ist schwer: ein Leben zu zwein. Nur eins ist noch schwerer: einsam sein. (Kurt Tucholsky)

Heirate oder heirate nicht, beides wirst du bereuen. (Sokrates)

Über Männer und Frauen

Eine Lady ist eine Dame, die aus Männern Gentlemen macht. (Alec Guiness)

Frauen werden durch Komplimente niemals entwaffnet. Männer immer. (Oscar Wilde)

Vater werden ist nicht schwer, Vater sein dagegen sehr. (Wilhelm Busch)

Wahre Schönheit kommt von innen. (Volksweisheit)

Über die Menschen

Die Menschen sind gut, bloß die Leute sind schlecht. (Erich Kästner)

Die Meinungen der Menschen sind wie der Kinder Spielzeuge. (Heraklit)

Der wahre Beruf des Menschen ist, zu sich selbst zu kommen. (Hermann Hesse)

Der Mensch muß das Gute und Große wollen. Das übrige hängt von seinem Schicksal ab. (Alexander von Humboldt)

Ein vornehmer Mensch tadelt sich selbst, ein gewöhnlicher die anderen. (Konfuzius)

Über die Wahrheit

Alles, selbst die Lüge, dient der Wahrheit. (Franz Kafka)

Wahrheit ist Gottes Siegel. (Talmud)

Wahrheit gibt kurz Bescheid, Lüge macht viel Redens. (Sprichwort)

Die Wahrheit liegt in der Mitte. (Sprichwort)

Die Wahrheit ist eine Arznei, die angreift. (Heinrich Pestalozzi)

Nur Kinder, Narren und alte Leute können es sich leisten, immer die Wahrheit zu sagen. (Winston Churchill)

Es gibt keine reine Wahrheit, aber ebensowenig einen reinen Irrtum. (Friedrich Hebbel)

Wer einmal lügt, dem glaubt man nicht, und wenn er auch die Wahrheit spricht. (Phaedrus)

Über Politik

Die Bürokratie ist es, an der wir alle kranken. (Otto von Bismarck)

Unter allen diplomatischen Tätigkeiten kommt die Abfassung eines Kommuniqués einem Make-up am nächsten. (Klaus Bölling)

Die Revolution ist wie Saturn, sie frißt ihre eigenen Kinder. (Georg Büchner)

Ein Kompromiß, das ist die Kunst, einen Kuchen so zu teilen, daß jeder meint, er habe das größte Stück bekommen. (Ludwig Erhard)

Der Fürst ist der erste Diener seines Staates. (Friedrich II., der Große)

Wenn Lügen wirklich kürzere Beine hätten, wären die meisten Politiker Liliputaner. (André Heller)

Deutschland braucht Europa – aber Europa braucht auch Deutschland. (Theodor Heuss)

Nur die Sache ist verloren, die man selber aufgibt. (Gotthold Ephraim Lessing)

Über Humor

Aller höhere Humor fängt damit an, daß man die eigene Person nicht mehr ernst nimmt. (Hermann Hesse)

Das Lachen erhält uns vernünftiger als der Verdruß. (Gotthold Ephraim Lessing)

Humor ist die Medizin, die am wenigsten kostet und am leichtesten einzunehmen ist. (Giovanni Guareschi)

Wer nicht lächeln kann, sollte keinen Laden aufmachen. (Chinesisches Sprichwort)

Humor ist, wenn man trotzdem lacht. (Otto Julius Bierbaum)

Lachen und Lächeln sind Tor und Pforte, durch die viel Gutes in den Menschen hineinhuschen kann. (Christian Morgenstern)

Ein Dummkopf hat bisweilen Witz, aber nie Verstand. (François de La Rochefoucauld)

Witz ist das einzige Ding, was um so weniger gefunden wird, je eifriger man danach sucht. (Friedrich Hebbel)

Zum Thema Zeit

Zeit ist Geld. (Sprichwort)

Zeit macht aus einem Gerstenkorn eine Kanne Bier. (Lettischer Spruch)

Die Zeit ist die Larve der Ewigkeit. (Jean Paul)

Die Zeit ist aus den Fugen. (William Shakespeare, »Hamlet«)

Alles zernagt die Zeit. (Ovid)

Ein jegliches hat seine Zeit. (Bibelwort)

Einszweidrei, im Sauseschritt läuft die Zeit, wir laufen mit. (Wilhelm Busch)

Andere Zeiten, andere Sitten. (Sprichwort)

Wir leben in einem gefährlichen Zeitalter: Der Mensch beherrscht die Natur, bevor er gelernt hat, sich selbst zu beherrschen. (Albert Schweitzer)

Über das Schweigen

Reden ist Silber, Schweigen ist Gold. (Sprichwort)

Der Rest ist Schweigen. (William Shakespeare, »Hamlet«)

Wer schweigen kann und warten, dem wachsen die Rosen im Garten. (Alfred Huggenberger)

Wenn du nichts zu sagen hast, was besser ist als schweigen, so schweige lieber. (Menander)

Wer schweigt, bejaht. (Terenz)

Wer schweigt, von dem wird angenommen, daß er zustimmt. (Papst Bonifatius VIII.)

Schweigen ist eine Waffe gegen Schwätzer. (Ron Kritzfeld)

Es ist besonders schwer zu schweigen, wenn man nichts zu sagen hat. (Coco Chanel)

Man braucht zwei Jahre, um sprechen, und fünfzig, um schweigen zu lernen. (Ernest Hemingway)

Es ist schön, mit jemandem schweigen zu können. (Kurt Tucholsky)

Sage nicht alles, was du weißt, aber wisse alles, was du sagst! (Matthias Claudius)

Meine Lieblingszitate

Glaube und Hoffnung

Die Angst vor Gewittern war bei uns Kindern groß. Was, wenn der Blitz ins Dach einschlägt? Immer wenn der erste Donner grollte, holte unsere Großmutter Gewitterkerzen hervor, zündete sie an, schlug das Gebetbuch auf und murmelte andächtig die Litanei aller Heiligen. Fromm bat sie: »Alle Heiligen Gottes, bittet für uns.« Jede Katastrophe ist in diesem Gebet berücksichtigt: Pest, Hunger und Krieg, der ewige Tod, aber auch Blitz und Ungewitter.

Ihr Glaube gab Großmutter Hoffnung. Sie war sich ganz sicher, im Gebet Hilfe zu finden. Mit ihrem Gottvertrauen verbreitete sie wohlige Geborgenheit und nahm uns Kindern die Angst. Denn wenn Gott auf unserer Seite ist, was kann dann schon passieren?

Religiöse Traditionen und Rituale gehen in unserem Alltag immer mehr verloren. Aber sie sind wichtig. Denn sie geben Halt in Zeiten der Not, verleihen Festen wie Hochzeiten und Taufen einen tieferen Sinn und helfen in unserer hektischen Zeit, Ruhe und Einkehr im Gebet zu finden. Blitz und Donner mögen uns Erwachsene nicht mehr schrecken, dafür werden wir von anderen Ängsten beherrscht: Wir fürchten Arbeitslosigkeit, Armut im Alter, Krankheit und den Verlust eines lieben Menschen. Es tut der Seele gut, wenn man sich bei Gott aufgehoben fühlt und im Vaterunser sagen kann: »Dein Wille geschehe.«

Was Oma in der Bibel wichtig war

Das Vaterunser

Vater unser im Himmel.
Geheiligt werde Dein Name.
Dein Reich komme.
Dein Wille geschehe,
Wie im Himmel, so auf Erden.
Unser tägliches Brot gib uns heute.
Und vergib uns unsere Schuld,
wie auch wir vergeben unsern Schuldigern.
Und führe uns nicht in Versuchung,
Sondern erlöse uns von dem Bösen.
Denn Dein ist das Reich und die Kraft
und die Herrlichkeit in Ewigkeit.
Amen.

Die Schöpfungsgeschichte aus dem Ersten Buch Mose

Die Erschaffung der Welt

Am Anfang schuf Gott Himmel und Erde. Und die Erde war wüst und leer, und es war finster auf der Tiefe; und der Geist Gottes schwebte auf dem Wasser.

Und Gott sprach: Es werde Licht! Und es ward Licht.

Und Gott sah, daß das Licht gut war.

Da schied Gott das Licht von der Finsternis und nannte das Licht Tag und die Finsternis Nacht.

Da ward aus Abend und Morgen der erste Tag.

Und Gott sprach: Es werde eine Feste zwischen den Wassern, und die sei ein Unterschied zwischen den Wassern.

Da machte Gott die Feste und schied das Wasser unter der Feste von dem Wasser über der Feste. Und es geschah also. Und Gott nannte die Feste Himmel.

Da ward aus Abend und Morgen der andere Tag.

Und Gott sprach: Es sammle sich das Wasser unter dem Himmel an besondere Örter, daß man das Trockene sehe. Und es geschah also. Und Gott nannte das Trockene Erde, und die Sammlung der Wasser nannte er Meer.

Und Gott sah, daß es gut war.

Und Gott sprach: Es lasse die Erde aufgehen Gras und Kraut, das sich besame, und fruchtbare Bäume, da ein jeglicher nach seiner Art Frucht trage und habe seinen eigenen Samen bei sich selbst auf Erden.

Und es geschah also. Und die Erde ließ aufgehen Gras und Kraut, das sich besamte, ein jegliches nach seiner Art, und Bäume, die da Frucht trugen und ihren eigenen Samen bei sich selbst hatten, ein jeglicher nach seiner Art.

Und Gott sah, daß es gut war.

Da ward aus Abend und Morgen der dritte Tag.

Und Gott sprach: Es werden Lichter an der Feste des Himmels, die da scheiden Tag und Nacht und geben Zeichen, Zeiten, Tage und Jahre und seien Lichter an der Feste des Himmels, daß sie scheinen auf Erden.

Und es geschah also. Und Gott machte zwei große Lichter: ein großes Licht, das den Tag regiere, und ein kleines Licht, das die Nacht regiere, dazu auch Sterne.

Und Gott setzte sie an die Feste des Himmels, daß sie schienen auf die Erde und den Tag und die Nacht regierten und schieden Licht und Finsternis. Und Gott sah, daß es gut war.

Da ward aus Abend und Morgen der vierte Tag.

Und Gott sprach: Es errege sich das Wasser mit webenden und lebendigen Tieren, und Gevögel fliege auf Erden unter der Feste des Himmels.

Und Gott schuf große Walfische und allerlei Getier, das da lebt und webt, davon das Wasser sich erregte, ein jegliches nach seiner Art, und allerlei gefiedertes Gevögel, ein jegliches nach seiner Art.

Und Gott sah, daß es gut war.

Und Gott segnete sie und sprach: Seid fruchtbar und mehret euch und erfüllt das Wasser im Meer; und das Gefieder mehre sich auf Erden.

Da ward aus Abend und Morgen der fünfte Tag.

Und Gott sprach: Die Erde bringe hervor lebendige Tiere, ein jegliches nach seiner Art: Vieh, Gewürm und Tiere auf Erden, ein jegliches nach seiner Art. Und es geschah also.

Und Gott machte die Tiere auf Erden, ein jegliches nach seiner Art, und das Vieh nach seiner Art, und allerlei Gewürm auf Erden nach seiner Art.

Und Gott sah, daß es gut war.

Und Gott sprach: Lasset uns Menschen machen, ein Bild, das uns gleich sei, die da herrschen über die Fische im Meer und über die Vögel unter dem Himmel und über das Vieh und über die ganze Erde und über alles Gewürm, das auf Erden kriecht.

Und Gott schuf den Menschen ihm zum Bilde, zum Bilde Gottes schuf er ihn; und schuf sie einen Mann und ein Weib. Und Gott segnete sie und sprach zu ihnen: Seid fruchtbar und mehret euch, und füllet die Erde und machet sie euch untertan und herrschet über die Fische im Meer und über die Vögel unter dem Himmel und über alles Getier, das auf Erden kriecht.

Und Gott sprach: Sehet da, ich habe euch gegeben allerlei Kraut, das sich besamt, auf der ganzen Erde, und allerlei fruchtbare Bäume, die sich besamen, zu eurer Speise,

Und allem Getier auf Erden und allen Vögeln unter dem Himmel und allem Gewürm, das da lebt auf Erden, daß sie allerlei grünes Kraut essen. Und es geschah also.

Und Gott sah an alles, was er gemacht hatte; und siehe da, es war sehr gut.

Da ward aus Abend und Morgen der sechste Tag.

Also ward vollendet Himmel und Erde mit ihrem ganzen Heer. Und also vollendete Gott am siebenten Tage seine Werke, die er machte, und ruhte am siebenten Tage von allen seinen Werken, die er machte.

Und Gott segnete den siebenten Tag, und heiligte ihn, darum daß er an demselben geruht hatte von allen seinen Werken, die Gott schuf und machte.

1. Mose 1, 1–2, 4a

Zweiter Schöpfungsbericht (»Paradiesbericht«)

Also ist Himmel und Erde geworden, da sie geschaffen sind, zu der Zeit, da Gott der Herr Erde und Himmel machte.

Und allerlei Bäume auf dem Felde waren noch nicht auf Erden, und allerlei Kraut auf dem Felde war noch nicht gewachsen;

denn Gott der Herr hatte noch nicht regnen lassen auf Erden, und es war kein Mensch, der das Land baute.

Aber ein Nebel ging auf von der Erde und feuchtete alles Land. Und Gott der Herr machte den Menschen aus einem Erdenkloß, und er blies ihm ein den lebendigen Odem in seine Nase.

Und also ward der Mensch eine lebendige Seele.

Und Gott der Herr pflanzte einen Garten in Eden gegen Morgen und setzte den Menschen hinein, den er gemacht hatte. Und Gott der Herr ließ aufwachsen aus der Erde allerlei Bäume, lustig anzusehen und gut zu essen, und den Baum des Lebens mitten im Garten und den Baum der Erkenntnis des Guten und Bösen.

Und es ging aus von Eden ein Strom, zu wässern den Garten, und teilte sich von da in vier Hauptwasser.

Das erste heißt Pison, das fließt um das ganze Land Hevila; und daselbst findet man Gold.

1. Mose 2, 4b–25

Die Zehn Gebote (mit den Erklärungen aus dem Kleinen Katechismus Martin Luthers)

I. Ich bin der Herr, dein Gott.
Du sollst keine anderen Götter neben mir haben.

Was ist das?

Wir sollen Gott über alle Dinge fürchten, lieben und vertrauen.

II. Du sollst den Namen des Herrn, deines Gottes, nicht vergeblich führen.

Was ist das?

Wir sollen Gott fürchten und lieben, daß wir bei seinem Namen nicht fluchen, schwören, zaubern, lügen oder trügen, sondern ihn in allen Nöten anrufen, beten, loben und danken.

III. Du sollst den Feiertag heiligen.

Was ist das?

Wir sollen Gott fürchten und lieben, daß wir die Predigt und sein Wort nicht verachten, sondern es heilighalten, gerne hören und lernen.

IV. Du sollst deinen Vater und deine Mutter ehren, auf daß du lange lebest in dem Lande, das dir der Herr, dein Gott geben wird.

Was ist das?

Wir sollen Gott fürchten und lieben, daß wir unsere Eltern und Herren nicht verachten noch erzürnen, sondern sie in Ehren halten, ihnen dienen, gehorchen, sie lieb- und werthaben.

V. Du sollst nicht töten.

Was ist das?

Wir sollen Gott fürchten und lieben, daß wir unserem Nächsten an seinem Leibe keinen Schaden noch Leid tun, sondern ihm helfen und beistehen in allen Nöten.

VI. Du sollst nicht ehebrechen.

Was ist das?

Wir sollen Gott fürchten und lieben, daß wir keusch und zuchtvoll leben in Worten und Werken und in der Ehe einander lieben und ehren.

VII. Du sollst nicht stehlen.

Was ist das?

Wir sollen Gott fürchten und lieben, daß wir unseres Nächsten Geld oder Gut nicht nehmen noch mit falscher Ware oder Handel an uns bringen, sondern ihm sein Gut und Nahrung helfen bessern und behüten.

VIII. Du sollst nicht falsch Zeugnis reden wider deinen Nächsten.

Was ist das?

Wir sollen Gott fürchten und lieben, daß wir unseren Nächsten nicht belügen, verraten, verleumden oder seinen Ruf verderben, sondern sollen ihn entschuldigen, Gutes von ihm reden und alles zum besten kehren.

IX. Du sollst dich nicht lassen gelüsten deines Nächsten Hauses.

Was ist das?

Wir sollen Gott fürchten und lieben, daß wir unserem Näch-

sten nicht mit List nach seinem Erbe oder Hause trachten und mit einem Schein des Rechts an uns bringen, sondern ihm dasselbe zu behalten förderlich und dienlich sein.

X. Du sollst dich nicht lassen gelüsten deines Nächsten Weibes, noch seines Knechtes, noch seiner Magd, noch seines Ochsen, noch seines Esels, noch alles, was dein Nächster hat.

Was ist das?

Wir sollen Gott fürchten und lieben, daß wir unserem Nächsten nicht seine Frau, Gehilfen oder Vieh ausspannen, abwerben oder abspenstig machen, sondern dieselben anhalten, daß sie bleiben und tun, was sie schuldig sind.

Weihnachten – Geburt Jesu

Es begab sich aber zu der Zeit,
Daß ein Gebot von dem Kaiser Augustus ausging,
Daß alle Welt geschätzet würde.
Und diese Schätzung war die allererste und geschah zu der Zeit, da Cyrenius Landpfleger in Syrien war.
Und jedermann ging, daß er sich schätzen ließe,
Ein jeglicher in seine Stadt.
Da machte sich auf auch Joseph aus Galiläa, aus der Stadt Nazareth,
In das jüdische Land zur Stadt Davids, die da heißt Bethlehem,
Darum daß er von dem Hause und Geschlechte Davids war,
Auf daß er sich schätzen ließe mit Maria, seinem vertrauten Weibe,
Die war schwanger.
Und als sie daselbst waren, kam die Zeit, daß sie gebären sollte.
Und sie gebar ihren ersten Sohn und wickelte ihn in Windeln
Und legte ihn in eine Krippe;
Denn sie hatten sonst keinen Raum in der Herberge.
Und es waren Hirten in derselben Gegend auf dem Felde
Bei den Hürden, die hüteten des Nachts ihre Herde.
Und siehe, des Herrn Engel trat zu ihnen,
Und die Klarheit des Herrn leuchtete um sie;
Und sie fürchteten sich sehr.
Und der Engel sprach zu ihnen: Fürchtet euch nicht!

Siehe, ich verkündige euch große Freude,
Die allem Volk widerfahren wird,
Denn euch ist heute der Heiland geboren,
Welcher ist Christus, der Herr, in der Stadt Davids.
Und das habt zum Zeichen: Ihr werdet finden das Kind
In Windeln gewickelt und in einer Krippe liegen.

Und alsbald war da bei dem Engel
Die Menge der himmlischen Heerscharen,
Die lobten Gott und sprachen:
Ehre sei Gott in der Höhe und Friede auf Erden
Bei den Menschen seines Wohlgefallens.
Und da die Engel von ihnen gen Himmel fuhren,
Sprachen die Hirten untereinander:
Laßt uns nun gehen nach Bethlehem
Und die Geschichte sehen, die da geschehen ist,
Die uns der Herr kundgetan hat.
Und sie kamen eilend und fanden beide,
Maria und Joseph, dazu das Kind in der Krippe liegen.
Da sie es aber gesehen hatten, breiteten sie das Wort aus,
Welches zu ihnen von diesem Kinde gesagt war.
Und alle, vor die es kam, wunderten sich der Rede,
Die ihnen die Hirten gesagt hatten.
Maria aber behielt alle diese Worte und bewegte sie in ihrem Herzen.
Und die Hirten kehrten wieder um, priesen und lobten Gott
Um alles, was sie gehört und gesehen hatten,
Wie denn zu ihnen gesagt war.

Lukas 2, 1–20

Aus der Bergpredigt

Da er aber das Volk sah, ging er auf einen Berg und setzte sich; und seine Jünger traten zu ihm.
Und er tat seinen Mund auf, lehrte sie und sprach:
Selig sind, die da geistlich arm sind; denn das Himmelreich ist ihr.
Selig sind, die da Leid tragen; denn sie sollen getröstet werden.

Selig sind die Sanftmütigen; denn sie werden das Erdreich besitzen.
Selig sind, die da hungert und dürstet nach der Gerechtigkeit;
Denn sie sollen satt werden.
Selig sind die Barmherzigen;
Denn sie werden Barmherzigkeit erlangen.
Selig sind, die reines Herzens sind; denn sie werden Gott schauen.
Selig sind die Friedfertigen, denn sie werden Gottes Kinder heißen.
Selig sind, die um Gerechtigkeit willen verfolgt werden;
Denn das Himmelreich ist ihr.

Selig seid ihr, wenn euch die Menschen um meinetwillen schmähen
Und verfolgen und reden allerlei Übles über euch, so sie daran lügen.
Seid fröhlich und getrost; es wird euch im Himmel wohl belohnt werden. Denn also haben sie verfolgt die Propheten, die vor euch gewesen sind.

Ihr seid das Salz der Erde.
Wenn nun das Salz kraftlos wird, womit soll man's salzen?
Es ist zu nichts hinfort nütze,
denn daß man es hinausschütte und lasse es die Leute zertreten.

Ihr seid das Licht der Welt.
Es kann die Stadt, die auf einem Berge liegt, nicht verborgen sein.
Man zündet auch nicht ein Licht an und setzt es unter einen Scheffel,
Sondern auf einen Leuchter; so leuchtet es allen, die im Hause sind.
So soll euer Licht leuchten vor den Leuten, daß sie eure guten Werke sehen und euren Vater im Himmel preisen.

Matthäus 5, 1–16

Das heilige Abendmahl

Aus der Erklärung zum Abendmahl von Johannes Brenz:
Das Abendmahl ist ein Sakrament und göttlich Wortzeichen,
Worin uns Christus wahrhaftig und gegenwärtig
Mit Brot und Wein seinen Leib und sein Blut schenkt
Und darreicht,
Und vergewissert uns damit,
Daß wir haben Verzeihung der Sünden und ein ewiges Leben.

Die Einsetzungsworte zum Abendmahl:
Der Herr Jesus in der Nacht, da er verraten ward
Und mit seinen Jüngern zu Tische saß,
Nahm das Brot, sagte Dank und brach's,
Gab's seinen Jüngern und sprach:
Nehmet hin und esset;
Das ist mein Leib, der für euch gegeben wird.
Das tut zu meinem Gedächtnis.

Desgleichen nach dem Mahl nahm er den Kelch,
Sagte Dank, gab ihnen den und sprach:
Trinket alle daraus; das ist mein Blut des Neuen Bundes,
Das für euch und für viele vergossen wird
Zur Vergebung der Sünden.
Das tut zu meinem Gedächtnis.

Jesu Heilandsruf
Christus spricht: Kommet her zu mir, alle, die ihr mühselig und beladen seid; ich will euch erquicken.

Matthäus 11, 28

Karfreitag – Kreuzigung Christi

Und sie brachten ihn an die Stätte Golgatha,
das ist verdolmetscht: Schädelstätte.
Und sie gaben ihm Myrrhe in Wein zu trinken; aber er nahm's
nicht.

Und sie kreuzigten ihn. Und sie teilten seine Kleider und warfen das Los darum, wer was bekäme.
Es war aber um die dritte Stunde, da sie ihn kreuzigten.
Und es war oben über ihm geschrieben, was man ihm schuld gab, nämlich: Der König der Juden.
Und sie kreuzigten mit ihm zwei Mörder, einen zu seiner Rechten und einen zur Linken.
Da ward die Schrift erfüllt, die da sagt: »Er ist unter die Übeltäter gerechnet.« Und die vorübergingen, lästerten ihn und schüttelten ihre Häupter und sprachen: Ha, der du den Tempel zerbrichst und baust ihn in drei Tagen,
hilf dir nun selber und steig herab vom Kreuz!
Desgleichen die Hohenpriester verspotteten ihn untereinander samt den Schriftgelehrten und sprachen: Er hat andern geholfen und kann sich selber nicht helfen.
Der Christus, der König in Israel, der steige nun vom Kreuz, daß wir sehen und glauben. Und die mit ihm gekreuzigt waren, schmähten ihn auch.

Und um die sechste Stunde ward eine Finsternis über das ganze Land bis um die neunte Stunde.
Und um die neunte Stunde rief Jesus laut und sprach: Eli, Eli, lama asabthani? das ist verdolmetscht: Mein Gott, mein Gott, warum hast du mich verlassen?
Und etliche, die dabeistanden, da sie das hörten, sprachen sie: Siehe, er ruft den Elia.
Da lief einer und füllte einen Schwamm mit Essig und steckte ihn auf ein Rohr und tränkte ihn und sprach: Halt, laßt sehen, ob Elia komme und ihn herabnehme!
Aber Jesus schrie laut und verschied.
Und der Vorhang im Tempel zerriß in zwei Stücke von obenan bis untenaus.
Der Hauptmann aber, der dabeistand ihm gegenüber und sah, daß er so verschied, sprach: Wahrlich, dieser Mensch ist Gottes Sohn gewesen!

Markus 15, 22–39

Ostern – Christi Auferstehung

Und da der Sabbat vergangen war, kauften Maria Magdalena und Maria, des Jakobus Mutter, und Salome Spezerei, auf daß sie kämen und salbten ihn.
Und sie kamen zum Grabe am ersten Tage der Woche sehr früh, als die Sonne aufging.
Und sie sprachen untereinander: Wer wälzt uns den Stein von des Grabes Tür?
Und sie sahen auf und wurden gewahr, daß der Stein abgewälzt war; denn er war sehr groß.
Und sie gingen hinein in das Grab und sahen einen Jüngling zur rechten Hand sitzen, der hatte ein langes weißes Kleid an, und sie entsetzten sich.
Er aber sprach zu ihnen: Entsetzet euch nicht! Ihr suchet Jesus von Nazareth, den Gekreuzigten. Er ist auferstanden, er ist nicht hier. Siehe da die Stätte, wo sie ihn hinlegten!
Gehet aber hin und saget seinen Jüngern und Petrus, daß er vor euch hingehen wird nach Galiläa; da werdet ihr ihn sehen, wie er euch gesagt hat.
Und sie gingen hinaus und flohen von dem Grabe; denn es war sie Zittern und Entsetzen angekommen. Und sie sagten niemand etwas; denn sie fürchteten sich.

Markus 16, 1–8

Altes Testament

Meine Zeit steht in deinen Händen.

Psalm 31, 16

Rufe mich an in der Not,
so will ich dich erretten,
und du sollst mich preisen.

Psalm 50, 15

Dein Wort ist meines Fußes Leuchte
Und ein Licht auf meinem Wege.

Psalm 119, 105

Lehre uns bedenken, daß wir sterben müssen,
auf daß wir klug werden.

Psalm 90, 12

Neues Testament

Ich bin die Auferstehung und das Leben.
Wer an mich glaubt,
der wird leben, auch wenn er stirbt;
und wer da lebt und glaubt an mich,
der wird nimmermehr sterben.

Johannes 11, 25–26

Ich bin der Weinstock, ihr seid die Reben.
Wer in mir bleibt und ich in ihm,
der bringt viel Frucht;
denn ohne mich könnt ihr nichts tun.

Johannes 15, 5

Laßt die Kinder
zu mir kommen und wehret ihnen nicht;
denn solchen gehört
das Reich Gottes.

Markus 10, 14

Wenn Oma gebetet hat

Das Kreuzzeichen

Im Namen des Vaters
und des Sohnes
und des Heiligen Geistes,
Amen.

Ehre sei dem Vater
und dem Sohne
und dem Heiligen Geiste,
Amen.

Ave Maria

Gegrüßet seist du, Maria,
voll der Gnade,
der Herr ist mit dir,
du bist gebenedeit unter den Frauen,
und gebenedeit ist die Frucht deines Leibes, Jesu.
Heilige Maria, Mutter Gottes,
bitte für uns Sünder,
jetzt und in der Stunde unseres Todes.
Amen.

Das katholische Glaubensbekenntnis

Ich glaube an den einen Gott.
Den allmächtigen Vater,
Schöpfer des Himmels und der Erde,
aller sichtbaren und unsichtbaren Dinge.
Und an den einen Herrn Jesus Christus,
Gottes eingeborenen Sohn.
Er ist aus dem Vater geboren vor aller Zeit.
Gott von Gott,
Licht vom Lichte,
wahrer Gott vom wahren Gott,
gezeugt, nicht geschaffen,
eines Wesens mit dem Vater,
durch Ihn ist alles geschaffen.
Für uns Menschen
und um unseres Heiles willen
ist Er vom Himmel herabgestiegen.
Er hat Fleisch angenommen durch den Heiligen Geist
aus Maria, der Jungfrau,
und ist Mensch geworden.
Gekreuzigt wurde Er für uns,
unter Pontius Pilatus hat Er den Tod erlitten und ist begraben worden.
Er ist auferstanden am dritten Tag, gemäß der Schrift.
Er ist aufgefahren in den Himmel
und sitzet zur Rechten des Vaters.

Er wird wiederkommen in Herrlichkeit,
Gericht zu halten über Lebende und Tote,
und seines Reiches wird kein Ende sein.
Ich glaube an den Heiligen Geist,
den Herrn und Lebensspender,
der vom Vater und vom Sohne ausgeht.
er wird mit dem Vater und dem Sohne
zugleich angebetet und verherrlicht.
Er hat gesprochen durch die Propheten.
Ich glaube an die eine, heilige, katholische
und apostolische Kirche.
Ich bekenne die eine Taufe
zur Vergebung der Sünden.
Ich erwarte die Auferstehung der Toten.
Und das Leben der zukünftigen Welt.
Amen.

Das apostolische (evangelische) Glaubensbekenntnis

Ich glaube an Gott,
den Vater, den Allmächtigen,
den Schöpfer des Himmels und der Erde.

Und an Jesus Christus,
seinen eingeborenen Sohn, unsern Herrn,
empfangen durch den Heiligen Geist,
geboren von der Jungfrau Maria,
gelitten unter Pontius Pilatus,
gekreuzigt, gestorben und begraben,
hinabgestiegen in das Reich des Todes,
am dritten Tage auferstanden von den Toten,
aufgefahren in den Himmel;
er sitzt zur Rechten Gottes,
des allmächtigen Vaters;
von dort wird er kommen,
zu richten die Lebenden und die Toten.

Ich glaube an den Heiligen Geist,
die heilige christliche Kirche,

Gemeinschaft der Heiligen,
Vergebung der Sünden,
Auferstehung der Toten
und das ewige Leben.
Amen.

Lieder, die Oma so gern gesungen hat

Stille Nacht

Stille Nacht, heilige Nacht!
Alles schläft, einsam wacht
Nur das traute, hochheilige Paar.
Holder Knabe im lockigen Haar,
Schlaf in himmlischer Ruh!
Schlaf in himmlischer Ruh!

Stille Nacht, heilige Nacht!
Gottes Sohn, o wie lacht
Lieb' aus deinem göttlichen Mund,
Da uns schlägt die rettende Stund,
Christ in deiner Geburt!
Christ in deiner Geburt!

Stille Nacht, heilige Nacht!
Hirten erst kundgemacht,
Durch der Engel Halleluja
Tönt es laut von fern und nah:
Christ, der Retter, ist da!
Christ, der Retter, ist da!

Joseph Mohr (1792–1848)

Der Mond ist aufgegangen

Der Mond ist aufgegangen,
die goldnen Sternlein prangen
am Himmel hell und klar.
Der Wald steht schwarz und schweiget,
und aus den Wiesen steiget
der weiße Nebel wunderbar.

Wie ist die Welt so stille
und in der Dämmrung Hülle
so traulich und so hold
als eine stille Kammer,
wo ihr des Tages Jammer
verschlafen und vergessen sollt.

Seht ihr den Mond dort stehen?
Er ist nur halb zu sehen
und ist doch rund und schön.
So sind wohl manche Sachen,
die wir getrost belachen,
weil unsre Augen sie nicht sehn.

Matthias Claudius (1740–1815)

Die güldne Sonne

Die güldne Sonne
voll Freud und Wonne
bringt unsern Grenzen
mit ihrem Glänzen
ein herzerquickendes, liebliches Licht.
Mein Haupt und Glieder,
die lagen darnieder;
aber nun steh ich,
bin munter und fröhlich,
schaue den Himmel mit meinem Gesicht.

Paul Gerhardt (1607–1676)

Macht hoch die Tür

Macht hoch die Tür, die Tor macht weit!
Es kommt der Herr der Herrlichkeit,
ein König aller Königreich',
ein Heiland aller Welt zugleich,
der Heil und Leben mit sich bringt,
derhalben jauchzt, mit Freuden singt:
Gelobet sei mein Gott,
mein Schöpfer reich von Rat.

Er ist gerecht, ein Helfer wert,
Sanftmütigkeit ist sein Gefährt,
sein Königskron ist Heiligkeit,
sein Zepter ist Barmherzigkeit;
all unsre Not zum End er bringt,
derhalben jauchzt, mit Freuden singt:
Gelobet sei mein Gott,
mein Heiland groß von Tat.

Georg Weissel (1590–1635)

Geh aus mein Herz und suche Freud

I. Geh aus, mein Herz und suche Freud
in dieser lieben Sommerzeit
an deines Gottes Gaben;
schau an der schönen Gärten Zier
und siehe, wie sie mir und dir
sich ausgeschmücket haben,
sich ausgeschmücket haben.

II. Die Bäume stehen voller Laub,
das Erdreich decket seinen Staub
mit einem grünen Kleide;
Narzissus und die Tulipan,
die ziehen sich viel schöner an
als Salomonis Seide,
als Salomonis Seide.

(Matthäus 6, 28, 29)

III. Die Lerche schwingt sich in die Luft,
das Täublein fliegt aus seiner Kluft
und macht sich in die Wälder;
die hochbegabte Nachtigall
ergötzt und füllt mit ihrem Schall
Berg, Hügel, Tal und Felder,
Berg, Hügel, Tal und Felder.

IV. Die Glucke führt ihr Völklein aus,
der Storch baut und bewohnt sein Haus,
das Schwälblein speist die Jungen,
der schnelle Hirsch, das leichte Reh
ist froh und kommt aus seiner Höh
ins tiefe Gras gesprungen,
ins tiefe Gras gesprungen.

V. Die Bächlein rauschen in dem Sand
und malen sich an ihrem Rand
mit schattenreichen Myrten;
die Wiesen liegen hart dabei
und klingen ganz vom Lustgeschrei
der Schaf und ihrer Hirten,
der Schaf und ihrer Hirten.

VI. Die unverdroßne Bienenschar
fliegt hin und her, sucht hier und da
ihr edle Honigspeise,
des süßen Weinstocks starker Saft
bringt täglich neue Stärk und Kraft
in seinem schwachen Reise,
in seinem schwachen Reise.

(…)

XIV. Mach mir in deinem Geiste Raum,
daß ich dir werd ein guter Baum,
und laß mich Wurzel treiben.
Verleihe, daß zu deinem Ruhm
ich deines Gartens schöne Blum'

und Pflanze möge bleiben,
und Pflanze möge bleiben.

XV. Erwähle mich zum Paradeis
und laß mich bis zur letzten Reis
an Leib und Seele grünen,
so will ich dir und deiner Ehr
allein und sonsten keinem mehr
hier und dort ewig dienen,
hier und dort ewig dienen.

Paul Gerhardt (1607–1676)

Lobe den Herren

Lobe den Herren,
den mächtigen König der Ehren,
meine geliebete Seele,
das ist mein Begehren.
Kommet zuhauf,
Psalter und Harfe, wacht auf,
lasset den Lobgesang hören!

Lobe den Herren,
der alles so herrlich regieret,
der dich auf Adelers Fittichen
sicher geführet,
der dich erhält,
wie es dir selber gefällt;
hast du nicht dieses verspüret?

Lobe den Herren,
der künstlich und fein dich bereitet,
der dir Gesundheit verliehen,
dich freundlich geleitet.
In wieviel Not
hat nicht der gnädige Gott
über dir Flügel gebreitet!

Joachim Neander (1650–1680)

Natur, Garten und Balkon

Bei einer Fastenkur in einem Benediktinerkloster entdeckten wir ein Buch über die Äbtissin Hildegard von Bingen (1098–1179). Hildegard hat mit ihrer Heilpflanzenlehre das 12. Jahrhundert maßgeblich geprägt. Und heute, viele Jahrhunderte später, sind Klostermedizin und Kräutergärten wieder ganz modern. Gott sei Dank! Denn die heilende Kraft der Kräuter basiert auf uraltem Wissen. Schon die Ägypter haben ab 2000 v. Chr. mit Knoblauch, Zwiebel und Rettich geheilt. Archäologen fanden sogar medizinische Rezeptsammlungen.

Heute reden die Wissenschaftler von Phytotherapie (Pflanzenheilkunde). Mit modernen Analysemethoden hat man nachgewiesen, wie wertvoll Pflanzen als Arznei- und Gewürzstoffe sind. Und noch immer gilt der berühmte Satz des Paracelsus (1493–1541): »Alle Dinge sind Gift – allein die Dosis macht, daß ein Ding kein Gift ist!«

Doch wie pflanzt man einen Kräutergarten? Oma wußte es noch! Sie kannte die bescheidenen Kräuter, die auf kargen Böden bestens gedeihen, und die anspruchsvolleren Gewächse, die viel Sonne und einen sehr nährstoffreichen Boden brauchen. Und sie wußte, daß es auch Pflanzen gibt, die sich untereinander nicht vertragen. Andere wieder helfen sich gegenseitig: Sie halten einander Schadinsekten fern und gedeihen prächtig in der Gemeinschaft.

Da die meisten Kräuter wie Majoran und Petersilie mit den Römern und später mit den Mönchen über die Alpen gekommen sind, brauchen Heil- und Würzpflanzen ein warmes, sonniges Plätzchen. Solche gibt's auch auf Balkon und Terrasse. Auch Lavendel, Rosmarin, Fenchel und Salbei sind eigentlich am Mittelmeer zu Hause. Im Frühjahr wird gepflanzt. Ein paar altbewährte Tips helfen, daß auch gedeiht, was mit viel Liebe gesät und gepflanzt wird.

Wie pflanzt und pflegt man ein Kräutergärtchen?

Was wächst zusammen und was verträgt sich nicht?

Basilikum fördert das Wachstum von Tomaten und Gurken.
Echte Kamille schützt Zwiebeln und Möhren vor Wurmbefall.
Knoblauch schützt Erdbeeren vor Schädlingen.
Schnittlauch wehrt Meltaupilze bei Rosen ab.
Dill fördert die Keimung bei Gurken und wirkt bei Kohl gegen den Kohlweißling.
Meerrettich schützt Kartoffeln vor Pilzerkrankungen.
Lavendel hält Blattläuse von Rosen fern.
Majoran fördert das Wachstum von Rosen und Möhren, hält Ameisen fern.
Bohnenkraut steigert den Ertrag von Bohnen und wirkt gegen Läuse.
Ackersenf hilft im Gemüsebeet gegen Schnecken.
Sellerie schützt Kohl vor dem Kohlweißling.

Kartoffeln und *Sonnenblumen, Tomaten* und *Fenchel, Buschbohnen* und *Zwiebeln* mögen sich nicht. Sie behindern sich gegenseitig im Wachstum. Dagegen sind sogenannte Unkräuter wie *Brennessel* und *Disteln* kein Problem im Kräuterbeet, sondern – sofern sie nicht überhandnehmen – wichtige Futterpflanzen für Tiere. So liebt der Distelfink die Samen von Disteln, und die Raupen des Taugpfauenauges und die etlicher anderer Schmetterlingsarten ernähren sich von Brennesseln.

Wo wachsen heilende Kräuter?

Arnika blüht von Mai bis August und hat gelbe Blüten. Die Heilpflanze wächst auf nährstoffarmen Böden und braucht im Garten ein sonniges Plätzchen, das ungedüngt bleiben muß.

Äußerlich angewandt, hilft Arnika bei Verstauchungen und wirkt gegen Entzündungen.

Echte Kamille ist ein einjähriges Kraut, das auf jedem Gartenboden wächst und ab März ausgesät wird. Gedeiht gut in der Nachbarschaft von Ringelblumen und Borretsch. Als Tee aufgebrüht, wirken die getrockneten Blüten gegen Verdauungsbeschwerden.

Echte Schafgarbe wächst an sonnigen Stellen auf gut gedüngtem Gartenboden, aber auch auf magerem Rasen. Die Pflanze hat von Juni bis Oktober weiße, doldenartige Korbblüten. Blätter und Blüten wirken krampflösend.

Hopfen wächst an Kletterspalieren im Garten. Das Gewächs mit seinen weinartigen Blättern braucht Sonne, muß aber stets ausreichend feuchte Wurzeln haben. Hopfen beruhigt und entspannt.

Johanniskraut gedeiht auf jedem Gartenboden und blüht goldgelb ab Juni. Es wächst zusammen mit Beifuß und Oregano (wilder Majoran). Das Kraut soll speziell bei Depressionen nützen, hilft aber, äußerlich angewandt, auch gegen Verbrennungen.

Kümmel wird ab März im Kräuterbeet ausgesät und ist an den weißen Blüten im Mai deutlich zu erkennen. Die Blüten bilden Doppeldolden. Kümmel gedeiht gut neben Estragon oder Petersilie. Der Tee ist gut für die Verdauung.

Lavendel ist winterhart und hat violette Blüten, die ab Juni aufblühen. Lavendel wächst auf steinigen Böden, braucht aber ein sonniges Plätzchen und mag im Kräuterbeet die Gesellschaft von Salbei und Thymian. Das Öl wirkt gegen Schlaflosigkeit. Im Badewasser entspannt Lavendel.

Pfefferminze hat ab Juli violette Blüten und wächst auf nährstoffreichem Boden neben Petersilie und anderen Minzen. Die Blätter kann man frisch oder getrocknet verwenden. Als Tee aufgebrüht, wirken sie gegen Kopfschmerzen, Schwindel und Erkältung.

Zitronenmelisse gedeiht auch im Halbschatten zusammen mit Minzen und Oregano. Die Staudenpflanze verströmt einen angenehmen Zitronengeruch, hat eiförmige Blätter und blüht ab Juli weiß-violett. Als Tee wirkt Zitronenmelisse gegen Traurigkeit und Nervosität.

Wann und wie wird der Kräutergarten angelegt und gepflegt?

Die beste Pflanzzeit ist das Frühjahr. Thymian, Salbei und Lavendel mögen das naßkalte Wetter im Winter nicht. Viele Gartencenter verkaufen heute Kräuter in Töpfen. Die Ballen sollten gut durchwurzelt sein. Ballen wässern, bevor man sie einpflanzt. Boden gut auflockern und mit Kompost, je nach Boden mit Sand mischen und nach Bedarf auch mit Kalk anreichern. Organischen Dünger aus Hornspänen, Knochenmehl und Rinderdung gibt es im Handel. Nicht überdüngen! Weniger ist oft mehr. Die Erde zwischen den Kräutern – ob sie nun im Gartenbeet oder in einem Pflanzkübel auf Terrasse oder Balkon stehen – mit einer Hacke regelmäßig auflockern. Abends gießen, damit nicht so viel Wasser verdunstet.

Mit Jauche gegen Schädlinge

Früher gab es keine Insektizide aus der Sprühflasche, doch Blattläuse und Milben gab es immer schon. Zum Glück gab es auch Jauche, ein altbewährtes Mittel gegen Schädlinge und Pilze, das zugleich ein prima Wachstumsförderer für Pflanzen ist.

Jauche ist eine nährstoffreiche Brühe, die entsteht, wenn Pflanzenteile vergären. Und so bereitet man sie zu: Einen Leinensack mit Pflanzenteilen wie frischen oder getrockneten Kräutern füllen und in einen Kübel mit Wasser hängen. Schon bald gärt und schäumt die Brühe. Jeden Tag umrühren. Die Jauche wird immer dunkler. Wenn die Brühe nicht mehr schäumt, ist die Jauche fertig, und man kann sie mit Wasser verdünnt im Kräuterbeet ausbringen.

Brennesseljauche ist besonders wirksam gegen saugende Insekten wie Blattläuse und Milben. 1 Kilogramm frische Brennnesseln in 10 Liter Wasser vergären. Gegen Schädlinge in 50facher Verdünnung in Sprühflaschen abfüllen und direkt auf die befallene Pflanze sprühen.

Zwiebel-Knoblauch-Jauche hilft gegen Milben, wenn man jeweils ein halbes Kilo Zwiebeln und Knoblauch 10 Tage in Wasser gären läßt. Eventuell 500 g Schnittlauch hinzugeben, das macht die Jauche wirksamer. Der Milbenkiller wird dann im Verhältnis 1:10 gespritzt.

Aber nicht nur Pflanzen profitieren von Jauche. Uralte Jaucherezepte aus den Bergregionen Österreichs und der Schweiz empfehlen *Jauchewickel* gegen Gelenkschmerzen. Dazu wird dampfend warmer Kuhmist zu Jauche vergoren, in ein Tuch gewickelt und direkt auf das schmerzende Gelenk gelegt. Aber das muß heutzutage ja vielleicht nicht mehr sein ...

Die 9 Grundregeln für wilde Heilkräuter

Wer Kräuter sammelt, muß sich an wichtige Regeln halten:

- Nie neben stark befahrenen Straßen ernten. Kräuter nehmen die Gifte aus den Abgasen auf.
- Keine geschützten Pflanzen sammeln, nichts aus Naturschutzgebieten mitnehmen.
- Blüten erntet man, sobald der Tau getrocknet ist.
- Blätter mittags pflücken.
- Kräuter an sonnigen Tagen ernten. Nie bei Regen oder feuchter Witterung.
- Wurzeln im Herbst oder Frühjahr stechen.
- *Arnika* findet man auf feuchten Almwiesen, *Bibernelle* auf Magerwiesen und an Bächen, *Baldrian* auf Wiesen. *Gänsefingerkraut* wächst an Wegrändern. *Löwenzahn* und *Brennesseln* wachsen fast überall; Brennesseln werden von Ende Mai bis Ende September geerntet, die Wurzeln von Löwenzahn im September und Oktober.
- Heilpflanzen nicht am Ofen oder in der Sonne trocknen, sondern an einem luftigen, trockenen Ort. Kräuter müssen durchtrocknen, weil sie sonst schimmeln.
- Für Tees Blätter und Blüten immer mit kochendem Wasser aufbrühen. Wurzeln mit kaltem Wasser aufsetzen und 10 Minuten köcheln.

Omas Lieblingskräuter

Ob im Garten, auf dem Balkon, im Blumenkübel vorm Haus oder auf der Terrasse: Frische Kräuter bereichern das ganze Jahr über nicht nur die Küche und vermitteln uns mit ihrem würzigen Duft mediterrane Gefühle, sie sind darüber hinaus auch wichtige Nährpflanzen für Hummeln und andere Wildbienen, Schwebfliegen und Schmetterlinge.

Basilikum
Blüht zwischen Juni und August; die Blätter sind würzige Beigabe für Tomatensuppen, italienische Nudelgerichte, allerlei Fleisch und Geflügel.

Bohnenkraut
Die ursprünglich aus dem Mittelmeergebiet stammende Pflanze blüht zwischen Juli und Oktober und ist einjährig. Das Bohnenkraut kann immer wieder ausgesät werden. Im Garten sät es von selbst aus und pflanzt sich so fort. Gibt grünem Bohnengemüse die pfiffige Note.

Dill
Blüht zwischen Juli und August. Im Volksmund auch »Gurkenkraut« oder »Dillfenchel« genannt. Einjährige Pflanze, die nicht nur zu Fischgerichten und Gurkensalat paßt, sondern auch gegen Blähungen hilft.

Liebstöckel
Die auch »Maggikraut« genannte Pflanze ist ausdauernd und blüht zwischen Juli und August. Wird zwischen 1 Meter und 1,80 Meter hoch und ist deshalb nur für den Garten oder größere Pflanzkübel geeignet. Schmeckt bestens zu Suppen und allerlei Eintöpfen.

Majoran
Die ursprüngliche Heimat dieses zwischen Juni und August blühenden Gewächses ist Nordafrika. Die frischen oder getrockneten Blättchen eignen sich als Beigabe in Eintöpfe mit Hül-

senfrüchten, zu Kartoffeln, Salaten, Suppen sowie zu allerlei Fleisch-, Wurst- und Geflügelgerichten.

Oregano
Der auch »Dost« genannte wilde Majoran blüht zwischen Juli und Oktober. Die Pflanze ist mehrjährig und ein wahres Kleinparadies für Schmetterlinge, Hummeln und andere Insekten. Die Blättchen sind frisch oder getrocknet vielseitig verwendbar.

Petersilie
Dieser Doldenblütler blüht zwischen Juni und Juli. Im Volksmund auch »Suppenkraut« genannt. Petersilie mag weder Staunässe noch frischgedüngte Erde. Wunderbar zu Salaten und Suppen.

Rosmarin
Der aus dem Mittelmeerraum stammende Strauch wird 80 Zentimeter bis 1,50 Meter hoch und blüht zwischen April und Juni. Die Blütchen ähneln der einer Taubnessel. Die Pflanze braucht helle Standorte mit möglichst voller Besonnung. Rosmarinnadeln sind die ideale Würze zu allerlei Wildgerichten, zu Lamm, Zicklein usw.

Salbei
Der wissenschaftliche Name *salvia officinalis* geht auf das Lateinische *salveia* zurück. *Salvere* heißt: sich wohl fühlen. Gibt man beim Nudelnkochen zwei, drei Salbeiblätter in das siedende Wasser, duftet nicht nur die Küche herrlich, auch die Nudeln erhalten ein tolles Aroma.

Schnittlauch
Bis zu 30 Zentimeter hoch wird die mehrjährige Staude. Schnittlauch blüht zwischen Juni und Juli und ist das wohl bekannteste Küchenkraut, das bei Suppen, Salaten, Kräuterquark und vielem mehr Verwendung findet.

Die Vogeluhr

»Morgenstund' hat Gold im Mund«, sagt man. Dabei müßte es eigentlich heißen: »Morgenstund' hat Lieder in den Schnäbeln.« Denn es zwitschert und pfeift, trällert und singt, wenn sich, besonders bei Anbruch der Morgendämmerung, die unterschiedlichsten Vogelstimmen im Frühling zu einem vielstimmigen Naturkonzert vereinen. Doch welcher Vogel singt denn da?

Es gibt zwar keine starren Regeln in der Natur, aber die verschiedenen Vogelarten in den Gärten und Parks, in Feld, Wald und Flur haben doch unterschiedliche »Weckzeiten«, zu denen sie unseren Start in den Tag begleiten und an denen sie zu erkennen sind. Während die Nachtigall – wie der Name sagt – schon während der Nacht singt, kommen andere Arten später hinzu.

Da sich die Vögel am zunehmenden Grad der Helligkeit in bezug zum Sonnenaufgang orientieren, hängt die exakte Uhrzeit dieser »Natur-Uhr« bei den Singvögeln vom Kalenderdatum und vom Breitengrad ab. Auch Witterungsverhältnisse (Wind, Temperatur usw.) und der Lebensraum spielen eine Rolle. Grundlage der folgenden Angaben ist Sommerzeit, Mitte Mai, Sonnenaufgang etwa um 5.30 Uhr.

- Schon ab 3.45 Uhr ist ab April der melodiöse Gesang der *Singdrossel* zu hören. Sie gehört zu den absoluten Frühaufstehern in der Vogelwelt.
- Ab 4.00 Uhr ist der Gesang des *Hausrotschwanzes* zu hören.
- 4.15 Uhr: Mit zu den Frühaufstehern gehört auch der *Gartenrotschwanz,* zusammen mit *Amsel* und *Kuckuck.*
- 4.30 Uhr: Jetzt ist die Zeit für *Rotkehlchen, Girlitz* und *Zaunkönig* gekommen.
- Ab 4.45 Uhr rufen *Kohlmeise, Blaumeise* und andere Meisenarten. Es sind fast schon »Sprintsänger«, da sie meist ab 7.00 Uhr wieder aufhören.
- Kurz vor 5.00 Uhr sind die Rufe eines kleinen, unscheinbaren Zugvogels zu hören, die ihm auch seinen Namen gegeben haben: der *Zilpzalp.*
- 5.30 Uhr: Mit zunehmender Helligkeit fügen sich die melodiösen Rufe der *Buchfinken* in das Vogelkonzert ein.

- 6.00 Uhr: *Wendehals* und *Grünspecht* melden sich zu Wort.
- 6.30–7.00 Uhr: Spätaufsteher sind *Grünfink, Distelfink, Hänfling, Grauspecht* und *Pirol.*

Übrigens: Auch abends singen die Vögel in Garten, Feld, Wald und Flur. So langsam, wie es morgens beginnt, klingt das Vogelkonzert zwischen Dämmerung und Nacht wieder aus. Zu den letzten Sängern gehören *Singdrossel, Rotkehlchen* und *Nachtigall.*

Die wichtigsten Vögel am Haus, im Garten und in Parks

Omas Lieblingsgartenblumen

Akelei
Die Gemeine Akelei hat meist blaue, 3–5 cm große Blüten, mitunter kommen auch violette, weiße und rosafarbene Variationen vor. Blütezeit ist von Mai bis Juli. Die Pflanze wächst bis 80 cm hoch. Es gibt verschiedene Zuchtformen, die in Gärten angepflanzt werden. Achtung: giftig!

Buschwindröschen
Die auch »Waldanemone« genannte Pflanze stammt aus den heimischen Laubwäldern und blüht zwischen März und Mai. In so manchem Bauerngarten wächst sie unter Heckensträuchern.

Gartenrose
Bei den Rosen ist das Spektrum unterschiedlichster Sorten wohl am größten. In der Nähe von Rosen gepflanzt, schützen sowohl Lavendel als auch Knoblauch vor allzustarkem Blattlausbefall.

Glockenblume
Es gibt viele Varianten der Gartenglockenblume. In der Regel blüht sie zwischen Mai und September. Benötigt luftige und helle Standorte.

Goldlack
Die wahrscheinliche Heimat dieses zwischen April und Juni blühenden Kreuzblütlers ist wohl Griechenland. Die Farbe der Blüten ist sehr variantenreich und reicht von Gelb über Goldgelb bis hin zu bräunlich-roten Farbtönen. Ca. 25–40 Zentimeter hoch.

Kapuzinerkresse
Stammt ursprünglich aus Peru, fand aber schon früh Eingang in die Bauerngärten. Die einjährige Pflanze gedeiht rasch und wächst üppig. Die Blüten variieren zwischen Orange, Gelb, Hell- und Dunkelrot. Die schildförmigen Blätter schmecken hervorragend zu Salaten; auch die Blüten können gegessen werden.

Krokus
Einer der ersten Frühlingsboten; blüht zwischen Februar und März. Mittlerweile gibt es weiße, gelbe, violette und lila Sorten. Krokusse brauchen helle, sonnige Standorte und möglichst lehmig-humose Erde.

Narzisse
Die wilde Form dieser auch »Osterglocke« genannten Pflanze stammt aus dem Mittelmeerraum. Blütezeit zwischen März und Mai.

Schwarzäugige Susanne
Die einjährige Rankpflanze windet sich bis zu 3 Meter hoch und erfreut mit orangegelben, in der Mitte schwarzgefärbten Blüten. Sie benötigt warme, windgeschützte Standorte.

Tulpe
Damit man sich zwischen März und Mai an den Tulpenblüten erfreuen kann, von denen es ungezählte Varianten gibt, müssen bis spätestens Oktober die Zwiebeln in den Boden gebracht werden.

Omas Blumenlieblinge für Balkon und Terrasse

Engelstrompete
Das Nachtschattengewächs gehört mit seinen duftenden Trompetenblüten zu den dekorativsten Kübelpflanzen. Vorsicht: Blütenblätter sind giftig! Benötigt an heißen Tagen sehr viel Wasser. Achtung: giftig!

Fleißiges Lieschen
Der Name ist Programm: Das Fleißige Lieschen blüht fast pausenlos zwischen März und Dezember. Mehrjährige Pflanze, die im Hausinnern gut überwintert werden kann.

Fuchsie
Das Nachtkerzengewächs stammt ursprünglich aus Zentral- und Südamerika. Von den zwischen Juni und Oktober blühenden Pflanzen gibt es mittlerweile wohl an die 10 000 Zuchtformen. Sie braucht reichlich Wasser und regelmäßige Düngung.

Geranie
Das Storchschnabelgewächs stammt ursprünglich wohl aus Südafrika und gehört zu den beliebtesten Balkonblumen. Geranien lassen sich in kühleren, dunklen Kellerräumen gut überwintern.

Oleander
Stammt aus dem Mittelmeerraum und entfaltet zwischen Juni und August, je nach Sorte, weiße, rote oder rosa Blüten. Es gibt verschiedene Zuchtformen.

Petunie
Die aus Südamerika stammende Pflanze blüht zwischen Mai und September. Kennzeichnend sind Blätter mit weichen und klebrigen Haaren sowie trichterförmige Blüten. Die Pflanzen sind heute in fast allen Farben erhältlich. Tägliches Gießen und wöchentliches Düngen sind erforderlich.

Primel
Die Verwandte unserer Schlüsselblumen wird in vielerlei Arten, Sorten und Zuchtformen angeboten. Primeln bevorzugen halbschattige, eher kühle und luftige Standorte.

Tausendschön
Der Korbblütler ist mit dem Gänseblümchen verwandt und blüht je nach Sorte zwischen weiß, rosa und rot. Bevorzugt lehmige Erde.

Wandelröschen
Die aus dem tropischen Afrika stammende Pflanze braucht viel Sonne und einen regengeschützten Standort. Die Pflanze entfaltet mit zunehmendem Alter eine stärkere Blütenpracht, die ihre Blütenfarbe beim Aufblühen verändert und zwischen Orange, Gelb und Dunkelrot variiert.

Omas Lieblingszimmerpflanzen

Alpenveilchen
Die wilde Variante dieser alten Zimmerpflanze stammt aus dem Nahen Osten und Kleinasien. Dort gedeiht die Pflanze in eher kühler, teilweise schattiger Umgebung. Da Oma sparen mußte und die Räume nicht so warm hatte, war das Alpenveilchen eine ideale Zimmerpflanze. Mittlerweile gibt es zwischen 15 und 20 verschiedene Sorten mit unterschiedlichster Färbung. Ideal halten sich Alpenveilchen, wenn die Temperatur 15 °C nicht übersteigt. Blütezeit: Mai bis Februar.

Amaryllis
Stammt ursprünglich aus Südamerika. Die Blütezeit dieser Zwiebelpflanze erstreckt sich von Oktober bis April. Die Blütenfarbe variiert zwischen Weinrot, Rosa und Weiß. Die Pflanze benötigt viel Licht. Vor voller Sonneneinstrahlung schützen!

Asparagus
Die auch »Frauenhaarfarn« genannte Pflanze braucht relativ hohe Luftfeuchtigkeit und sollte mit weichem, kalkfreiem Wasser gegossen werden.

Grünlilie
Ob warm oder eher kühl, hell oder dunkel: Die Grünlilie ist eine ideale, anspruchslose Zimmerpflanze. Staunässe vermeiden.

Gummibaum
Die ursprüngliche Heimat ist Asien; heute sind die verschiedenen Gummibaumarten auf der ganzen Welt verbreitet. Die Topferde sollte nicht allzu naß sein. Geeignet sind helle Standorte; an dunkleren Stellen wächst die Pflanze sehr langsam.

Hortensie
Ursprünglich auch eine beliebte Gartenpflanze. Sie benötigt reichlich Wasser, worauf schon der lateinische Name *hydrangea* hinweist (Wasserstrauch). Benötigt ab Juni/Juli ausreichend Dünger. Überwinterung: im kühlen Keller oder in einer frostfreien Garage.

Philodendron
Eine deutsche Bezeichnung heißt »Baumfreund«, da die Pflanzen in den Tropen zum Teil auf Bäumen aufsitzen und an den mächtigen Urwaldbäumen in Richtung Licht klettern und entsprechende Luftwurzeln ausbilden. Es gibt verschiedene Arten, die sowohl an dunkleren als auch hellen Standorten im Zimmer gedeihen. Achtung: giftig!

Sansiveria
Bei dieser Pflanze mit ihren schwertartigen, fleischigen, dunkelgrünen, oft gelblich gerandeten Blättern hat sich der lateinische Name *sansiveria* als Bezeichnung durchgesetzt. Als »Bogenhanf« kennt die aus dem tropischen Afrika stammende Blume eigentlich niemand. Sparsam gießen, Staunässe vermeiden.

Usambaraveilchen
Blüht zwischen Januar und Dezember und stammt ursprünglich aus Ostafrika. Sollte mäßig feuchtgehalten und nur mit weichem, möglichst nicht zu kaltem Wasser gegossen werden.

Wachsblume
Blüht zwischen April und September und braucht helle und luftige Standorte. Sollte vor praller Sonne geschützt werden. Die fast schon wie Porzellan wirkenden Blüten duften intensiv; die Triebe werden meterlang und können entsprechend als Bogen angebunden werden.

Meine Gartentricks

Tricks und Tips für den Haushalt

Für jede Fläche im Haushalt gibt es heute ein spezielles Mittelchen. Im Putzschrank steht eine ganze Batterie von Reinigern. Die einen versprechen langanhaltenden, strahlenden Glanz, andere lassen das Wasser von den Fliesen perlen oder Edelstahl wieder blitzen. Wannenspray entfernt selbsttätig Kalkflecken in der Dusche, ultrakonzentriertes Spülmittel löst selbst hartnäkkigsten Schmutz, Chemie läßt die Toilette nach Frühling duften und macht Wäsche flauschig weich und aprilfrisch. Die Inhaltsstoffe sollen laut Produktinformation zwar alle »biologisch abbaubar« sein, doch gleichzeitig heißt es: »Vorsicht! Produkt außerhalb der Reichweite von Kindern aufbewahren.«

Oma war auf diese Batterie von Reinigungsmitteln nicht angewiesen, ihr genügten Seife, Essig, Zitronensaft und Spiritus. Zwar war die »gute alte Zeit« im Haushalt keineswegs rosig, denn viele technische Hilfsmittel waren noch nicht erfunden. Doch für so manches Mißgeschick hatte Oma einen Kniff parat, der auch heute noch die Arbeit im Haus erleichtert und Geld sparen hilft. Dank Omas Trick ist der Fleck wieder weg, die Wolle weich, die Blumen bleiben länger frisch, und die Motten trauen sich nicht in den Kleiderschrank.

Wie sagt doch der Volksmund: »Man muß sich nur zu helfen wissen!«

Wie geht der Fleck wieder weg?

Bierflecken
... wäscht man bei Wolle mit lauwarmem Wasser, bei Seide mit verdünntem Spiritus aus.

Blutflecken
... immer erst mit kaltem Wasser auswaschen, dann mit Seife und kaltem Wasser weiter reinigen. Ältere Flecken mit Salz- oder Sodawasser vorbehandeln.

Fettflecken
... mit Kartoffelmehl bestreuen, einwirken lassen und ausbürsten. Salmiakgeist wirkt bei Butter.

Kaffeeflecken
... mit Glyzerin ausreiben, das man vorher erwärmt hat.

Kaugummi
... läßt sich von der Kleidung leichter entfernen, wenn man den Stoff für ein paar Stunden ins Gefrierfach legt. Ohne zu kleben, läßt sich der erstarrte, brüchige Kaugummi entfernen.

Kugelschreiberflecken
... mit Spiritus lösen und dann den Stoff kochen.

Lippenstiftflecken
... mit Glyzerin einreiben und auswaschen.

Obstflecken
... am besten mit schwacher, handwarmer Salmiaklösung vorbehandeln und über Nacht in Buttermilch einweichen, die den Saft von zwei Zitronen enthält.

Rostflecken
... lassen sich mit Zitronensaft entfernen.

Rotweinflecken
... mit Salz bestreuen, dann mit heißem Wasser auswaschen.

Schweißflecken
... kann man mit Essig auswaschen.

Wachsflecken
... zwischen zwei Blatt Löschpapier ausbügeln.

Wasserflecken (vom Regen)
... auf Mänteln und Kleidern mit feuchtem Tuch bedecken und drüberbügeln.

Kleid, Hemd und Hose & Co.

Hosen
... nach der Wäsche mit den Hosenbeinen oben aufhängen. Durch den schweren, nassen Hosenbund dehnt sich der Stoff, Falten und Knicke verschwinden, und die Hose läßt sich später leichter bügeln.

Flusen und Haare
... lassen sich mit der Saugbürste des Staubsaugers auf höchster Saugkraft leicht aus Kleiderbürsten entfernen.

Wenn Schuhe drücken
... hilft ein Schnaps! Aber nicht etwa trinken, um den Schmerz besser zu ertragen, sondern etwas vom klaren Alkohol von innen in die neuen Schuhe reiben und danach sofort anziehen. Der Schuh paßt sich besser dem Fuß an, und es gibt keine Blasen.

Lackschuhe
... bleiben schön glänzend und bekommen keine Gehfalten, wenn man sie regelmäßig mit Salat- oder Rizinusöl einreibt.

Kinder verlieren häufig die Bänder an ihren Kapuzen, Schnürsenkel ziehen sich leicht aus den Schuhen

Dagegen helfen bunte Perlen, die man am Ende des Bandes aufzieht. Ausgefranste Schnürsenkel einfach in etwas klaren Nagellack tauchen und trocknen lassen.

Knopflöcher
... an Wollsachen verziehen sich nicht beim Waschen, wenn man sie vorher mit ein paar groben Stichen zunäht.

Wolle
... läuft beim Waschen nicht ein, wenn man etwa Glyzerin ins Wasser gibt.

Vergilbte Wäsche
... wird wieder weiß, wenn man einen Teelöffel Terpentin und zwei Eßlöffel Spiritus ins Spülwasser gibt.

Reißverschlüsse
... klemmen nicht, wenn man sie mit Seife oder Kerzenwachs einreibt.

Bügelfalten
... halten länger, wenn auch die Innenseite der Hose vor dem Bügeln befeuchtet wird.

Brillengläser laufen nicht an
... wenn man sie ganz leicht mit Glyzerin oder Seife abreibt.

Nadel und Faden

Nähnadeln
... in Holz- oder Plastikdosen aufbewahren oder in ein Nadelkissen stecken. In Blechdosen werden sie leicht stumpf.

Empfindliche Knöpfe
... kann man bei der Wäsche vor Hitze und Waschmitteln schonen, indem man sie einfach mit Alufolie umwickelt.

Knöpfe
... findet man im Nähkästchen besser, wenn man zusammengehörende Knöpfe auf eine Sicherheitsnadel aufzieht.

Um einen Faden durch ein Nadelöhr zu ziehen
... braucht man viel Geduld. Oder man nimmt Haarspray. Einfach das Fadenende damit einsprühen. Es wird steif und läßt sich problemlos einfädeln.

Freude mit Blumen

Schnittblumen
... halten länger, wenn man etwas Zucker, Essig, ein Aspirin oder etwas Spülmittel ins Blumenwasser gibt. Das eine nährt (Zucker), das andere tötet Bakterien.

Blumen und Obst
... nicht nebeneinanderstellen. Blumen verwelken schneller, wenn die Vase direkt neben der Obstschale steht. Äpfel und andere Früchte verströmen Äthylen. Das Reifegas läßt Blumen verblühen.

Sind die Blumen zu kurz für die Vase?
Einfach die Stiele mit Strohhalmen verlängern und ins Wasser stellen. Blumen können durch Strohhalme trinken! Ansonsten hilft Klarsichtfolie. Bei durchsichtigen Glasvasen gibt es durch die Folie obendrein einen schönen Eis- und Frosteffekt. Und die Blumen haben einen festen Stand.

Hohe Blumenvasen
... kippen nicht so leicht um, wenn man Kieselsteine oder Sand einfüllt. In Glasvasen sieht das sehr dekorativ aus.

Grünpflanzen
... bekommen beim Besprühen mit Wasser keine Kalkflecken, wenn man destilliertes Wasser verwendet.

Ein gutes Düngemittel
... sind Eierschalen. Drei Wochen in Wasser legen und ziehen lassen. Dieses Wasser ist ein gutes Düngemittel.

Rosen
... bringen andere Blumen vorzeitig zum Verwelken.

Tulpen
... halten länger, wenn man sie abends in Zeitungspapier wickelt und kühlstellt.

Flieder
... kann besser Wasser aufnehmen, wenn man die Stiele faserig klopft.

Die Stiele von Alpenveilchen
... mit Nadelstichen durchlöchern oder den Stiel etwa 5 cm mit dem Messer spalten, dann halten sie länger.

Vasen reinigt man innen
... mit gesalzenem Essigwasser. Gut durchschütteln und nachspülen.

Kniffe vom Keller bis zur Küche

Speiseölflaschen
... haben schnell einen fettigen Flaschenhals. Das kann man verhindern, indem man einen Schnapsausgießer aufschraubt.

Deckel zerbrochener Einmachgläser
... sind vorzüglich als Blumentopfuntersetzer verwendbar.

Feste Schraubverschlüsse
... auf Gläsern lassen sich leichter öffnen, wenn man den Deckel mit einem Stück Schmirgelpapier umfaßt. Oder die brutale Methode: einfach mit dem Messer ein Loch in den Verschluß stoßen. Oder das Glas mit dem Deckel nach unten fest auf den

Boden klopfen, am besten auf Teppichboden (Achtung bei Parkett und empfindlichen Fliesen!); dann geht es meistens auf. Bei Flaschen kann ein Nußknacker helfen, den Drehverschluß zu lösen.

Zum Aufbewahren von Knöpfen, Ösen
... und anderen Dingen, die sich gern irgendwo verkriechen, ist eine große Sicherheitsnadel gut geeignet, auf die sie aufgefädelt werden.

Hat man keinen Korkenzieher zur Hand
... so dient als Ersatz eine große Schraube, an deren Kopf eine Schnur befestigt wird: Schraube in den Korken drehen, die Schnur um die Hand wickeln und den Korken herausziehen.

Kerzen
... die in der Sonne standen und in der Hitze krumm geworden sind, einfach in heißes Wasser tauchen und auf dem Tisch wieder geraderollen. Heißes Wasser hilft auch, um Kerzen leichter in den Leuchter zu drücken. Dazu das untere Ende eintauchen.

Kerzenwachs
... läßt sich vom Kerzenständer viel leichter ablösen, wenn man ihn gut zwei Stunden ins Gefrierfach legt. Um das Problem gar nicht erst entstehen zu lassen, kann man den Leuchter auch mit etwas Speiseöl einfetten. Das heruntergetropfte Wachs geht viel leichter ab.

Der Duft von Parfüm
... auf der Haut hält länger, wenn man etwas Vaseline auf die Stelle gibt, die man einsprühen will.

Schlechten Geruch
... vertreibt man mit einer Zitrone, die mit Gewürznelken gespickt ist. Die Zitrone fault nicht, sondern schrumpft. Der Duft hält außerdem lästige kleine Obstfliegen fern und wirkt im Kleiderschrank gegen Motten.

Auch frischgemahlenes Kaffeepulver vertreibt üble Gerüche. Ganz gleich, ob im Kühlschrank oder auf dem Klo: etwas Pulver auf einem Teller hilft. Mit den Resten von aromatisiertem Tee kann man ebenfalls für gute Luft im Wohnzimmer sorgen. Einfach die Teereste verschiedener Sorten in eine Schale geben.

Bei Bienen- und Insektenstichen
... mindert ein aufgelegter Salzbrei den Schmerz und verhindert ein Anschwellen.

Beim Entfernen von Tintenflecken
... hilft Salz. Die Tinte zieht in das Salz ein.

Spritzendes Fett
... beim Braten verhindert Salz in der Pfanne.

Schlechte Luft beim Staubsaugen
... muß nicht sein. Badesalz, Pfefferminz- oder andere Aromaöle und getrocknete Kräuter im Staubsaugerbeutel sorgen für gute Luft nach dem Saugen. Man kann auch Parfümreste auf den Beutel tropfen.

Raucher
... hinterlassen oft nicht nur Duftspuren. Ein kleines Brandloch im Teppich läßt sich reparieren, wenn man Flusen auf dem Teppich zusammensammelt und mit Klebstoff im Loch fixiert. Gegen den Geruch von altem Rauch am besten ein Essigtuch auf die Heizung legen oder zwei Lorbeerblätter verbrennen, wenn nicht mehr geraucht wird.

Wie wird man die lästigen Obstfliegen im Spätsommer und Herbst los?
Offensichtlich vermehren sich die kleinen Mückchen in der Erde von Blumentöpfen. Hier helfen Streichhölzer, die mit dem Schwefelkopf nach unten in die Erde gesteckt werden. Der Schwefel vertreibt die Mücken.

Enge Blumenvasen
... oder bauchige Weinkaraffen, die oben sehr eng sind, lassen sich mit einem Spüllappen nicht reinigen. Einfach etwas Kaffeesatz mit Wasser einfüllen. Dann schütteln. Der Kaffeesatz wirkt

wie ein Reinigungspulver. Der Trick funktioniert auch mit einer Handvoll trockener Reiskörner, mit denen sich auch Kaffee- und Teekannen säubern lassen.

Druckstellen
... von Möbeln auf dem Teppichboden lassen sich leicht entfernen. Man legt einfach über Nacht ein feuchtes Tuch auf die Stelle und bügelt am nächsten Tag darüber. Danach stehen die Fasern wieder auf.

Angelaufenes Silber
... läßt sich problemlos in 15 Minuten putzen. Eine Plastikschüssel mit Stanniolpapier auslegen, viel Salz und heißes Wasser darübergießen, das Silber hineinlegen und wirken lassen. Silberschmuck am besten in Prothesenreiniger (Kukident) reinigen.

Goldsachen
... die durch langes Liegen blind geworden sind, reibt man mit dem Saft einer Zwiebel ein und läßt sie 1–2 Stunden liegen. Dann mit einem weichen Lappen abreiben.

Immer fällt der Besen um!
Das passiert nicht mehr, wenn man die Finger von alten Gummihandschuhen abschneidet und oben über den Besenstiel zieht.

Lästige Preisaufkleber
... einfach mit dem Fön anwärmen und abziehen. Den Rest des Klebers kann man mit Nagellackentferner abreiben.

Motten
... im Kleiderschrank vertreibt Lavendel. Einfach die trockenen Blüten in eine alte Socke stecken und in den Schrank legen. Wenn man nicht oft verreist, ein Säckchen mit Lavendel in den Koffer legen, um muffigen Geruch zu vermeiden.

Fliegen
... fliehen vor Lorbeeröl. Ein paar Tropfen auf einem flachen Teller aufstellen, und die Plagegeister suchen das Weite.

Eier
... die im Karton festgeklebt sind, lassen sich mühelos entfernen, wenn man die Klebestelle mit Wasser aufweicht.

Kleine Schrauben, Nadeln und Nägel
... lassen sich mit ein wenig Klebeband gut aufheben. Einfach aufkleben!

Schwarze Schuhspuren auf dem Parkettboden
... lassen sich mit Terpentin leicht entfernen.

Die Gäste stehen vor der Tür, und die Getränke sind nicht kalt
Kein Problem! Kaltes Wasser, Salz und Eisstücke in einen Eimer geben. Die Mischung macht's: Schon 10 Minuten später sind die Flaschen gut gekühlt.

Ist mal was zu Bruch gegangen
Feine Glassplitter lassen sich leichter mit Watte aufnehmen.

Pakete
... kann man fester verschnüren, wenn man die Paketschnur naß macht. Sie zieht sich beim Trocknen zusammen – und hält!

Hart gewordene Farbpinsel
... wieder gebrauchsfähig machen: Man klopft die Borsten mit einem Hammer locker, reibt dann gründlich Schmierseife ein, läßt den Pinsel 24 Stunden liegen und spült ihn dann in warmem Sodawasser aus.

Wenn man sich geschnitten hat
... reinen Baumwollstoff in kochendes Wasser tauchen und auf die Wunde legen. Das Bluten hört sofort auf.

Kurioses

Nicht alles, was Oma einst nützte, macht heute Sinn. In alten Ratgebern finden sich so manche Tips, die uns heute recht kurios erscheinen. Es ist schon erstaunlich, mit welchen scheinbaren Problemen sich frühere Generationen abmühen mußten.

Ameisen
... können nicht in den Küchenschrank gelangen, wenn man dessen Füße in mit Wasser gefüllte kleine Blumentopfuntersetzer stellt.

Versand frischer Blumen
Blumen, die man verschicken will, schneidet man noch halbgeschlossen, am besten frühmorgens, wenn die Sonne sie noch nicht berührt hat. Die Stiele taucht man in geschmolzenes Wachs, so daß die Feuchtigkeit im Stiel bleibt. Dann lose in angefeuchtetes Papier wickeln. Der Empfänger muß die unteren Teile der Stiele dann abschneiden.

Gewichte
... läßt man niemals auf der Waage stehen, weil diese dadurch ungenau wird.

Kein Zentimetermaß zur Hand?
Ein Streichholz schafft Ersatz. Es ist nämlich immer 4,5 cm lang (früher 5 cm).

Die Bräunung an Geweihen und Gehörnen
... läßt sich erhalten, wenn man sie mit übermangansaurem Kali bepinselt, das in Wasser aufgelöst ist. Der meist hellere obere Teil der Gehörne und Geweihe bleibt unberührt, weil Bräunung an dieser Stelle oft die Vermutung einer Nachahmung aufkommen läßt.

Bleistiftschrift verwischt nicht
... wenn man das beschriebene Papier in abgerahmte Milch taucht.

Katzen vertreiben
Katzen sind empfindsam gegen Schreck und meiden später die Stelle. Deshalb: plötzlicher Wasserguß, Kinderpistole, Knallerbsen!

Meine persönlichen Haushaltstricks

Freundschaft, Liebe und Poesie

Die Liebeserklärung kam nachts per SMS auf dem Handy an. »Ich liebe Dich«, stand da lapidar. Dahinter hatte Sebastian noch dieses unvermeidliche Smileygesicht aus drei Satzzeichen gesetzt, um seine Gefühle zu betonen. Das gab Anna den Rest.

Da sah sie plötzlich die Großmutter vor ihrem geistigen Auge. »Was sind das denn für Briefe da?« hatte sie als kleines Mädchen neugierig gefragt, als sie in Omas Wäscheschrank stöberte und die sorgsam zusammengebundenen Umschläge entdeckte. »Die da mit der rosa Schleife …«

Oma hatte nur verschämt gelächelt. Ihre Augen glänzten plötzlich, und die Stimme war ganz aufgeregt. »Komm her«, sagte sie verschwörerisch und löste das rosa Bändchen. »Die sind von meiner ersten großen Liebe – Opa weiß nichts davon!«

Das Papier war leicht vergilbt. Oma mußte die Briefe oft in der Hand gehalten haben, denn die Seiten waren brüchig. An einigen Stellen war die Tinte verlaufen. »Da hab ich Tränen vergossen«, gestand Oma und las vor, was der geheimnisvolle Mann aus ihrer Vergangenheit vor Jahrzehnten geschrieben hatte. Ihre Stimme nahm einen träumerischen Tonfall an, und es schien, als hätte sie Annas Gegenwart ganz vergessen: »Wenn ich meine Augen schließe, fühle ich Deine Nähe, rieche den verführerischen Duft Deines Körpers … – Nein, das ist nichts für dich«, unterbrach sie sich.

Oma hatte all diese Briefe liebevoll aufgehoben. In einem Umschlag war eine Locke des Liebhabers, in einem anderen eine uralte Kinokarte, Erinnerungen, die sie treu bewahrte. Ihre Antwortbriefe enthielten flehentliche Gedichte. »Bewahre mich vor Herzeleid, zu kurz ist die Zeit …«

Was aber macht man mit einer Liebeserklärung, die per SMS

ins Haus flattert? Der magische Satz verliert seinen Zauber, wenn er auf dem Handy erscheint. Darum sei allen Liebenden geraten: kauft Patronen für den Füllfederhalter, setzt euch hin und schreibt einen Brief. Denn hatte Oma nicht recht, als sie in Annas Poesiealbum schrieb: »Nichts ist zu schwer für den, der liebt«?

Verse fürs Poesiealbum

Wenn Du einst in späten Jahren
dieses Album nimmst zur Hand,
denk daran, wie froh wir waren,
als wir Kinder uns genannt.

Nie verlerne so zu lachen,
wie Du jetzt lachst froh und frei,
denn ein Leben ohne Lachen
ist ein Frühling ohne Mai.

Die Liebe bringt Freude,
die Tugend bringt Ruh,
drum wähle sie beide,
und glücklich bist Du!

Sei Deiner Eltern Freude,
beglücke sie durch Fleiß,
dann erntest Du im Alter
dafür den höchsten Preis.

So wie der Glanz der Sterne,
so blühe stets Dein Glück,
denk auch in weiter Ferne
recht oft an mich zurück.

Ein Kranz von Blumen sei Dein Leben,
und jeder Tag bringt Freude Dir.
Das Glück soll immer Dich umschweben,
dies ist mein Wunsch, das glaube mir.

Vergiß niemals die Heimat,
wo Deine Wiege stand,
Du findest in der Ferne
kein zweites Heimatland.

So wie der Ton der Flöte,
so hell, so klar, so rein,
so wie die Morgenröte,
so soll Dein Leben sein.

Nicht wie Rosen, nicht wie Nelken,
die heute blüh'n und morgen welken,
sondern wie das Immergrün
soll auch uns're Freundschaft blüh'n.

Ich schreibe mich aufs letzte Blatt,
weil ich Dich so gerne hab,
doch wer Dich lieber hat als ich,
der schreibe sich noch hinter mich.

Liebe Leute, groß und klein,
haltet mir mein Album rein,
reißt kein einz'ges Blatt heraus,
sonst ist's mit meiner Freundschaft aus.

Geduldig trägt Dein Mütterlein
für Dich so manche Last,
drum halte sie auch lieb und wert,
solang Du sie noch hast.

Wie Du mit den Menschen bist,
wird man auch mit Dir verfahren;
dieses Wissen früh erfaßt,
wird Dir manche Träne sparen.
Durch die Selbstsucht findet man
nimmermehr sein Glück auf Erden.
Bist Du freundlich, hilfreich, gut,
wirst Du stets geliebt auch werden.

Sei stets der Eltern gutes Kind,
im Alter sei ihr Stab;
und wenn sie einst gestorben sind,
so pflege auch ihr Grab.

Der Erde köstlicher Gewinn:
ein reines Herz und froher Sinn.

Willst Du glücklich sein im Leben,
trage bei zu anderm Glück,
denn die Freude, die wir geben,
kehrt ins eigne Herz zurück.

Blüh wie das Veilchen im Moose,
bescheiden, sittsam und rein,
und nicht wie die stolze Rose,
die immer bewundert will sein.

Freundlich räumtest Du ein Plätzchen
mir in Deinem Album ein,
laß mich auch in Deinem Herzen
nicht so ganz vergessen sein!

Die Rose blüht,
Der Dorn, der sticht,
Die Liebe heißt
Vergißmeinnicht.

Es grüßen blaue Blümlein licht
in Deinem Garten klein.
Sie bitten Dich:
Vergiß mein nicht,
denn ich gedenke Dein.

Arbeit und Ordnung, frei und froh,
sind des Lebens A und O.
Schaut noch der Herrgott gütig drein,
dann darf man wohl zufrieden sein.

Wenn Du einst als Großmama
im Lehnstuhl sitzt bei Großpapa,
so denke oft mit heiterem Blick
an unsere Jugendzeit zurück.

Wenn ich soll Dein Album schmücken
mit einem Verschen hübsch und klein,
so kann ich nur den Wunsch ausdrücken:
Du sollst gesund und glücklich sein.

Dein Leben sei fröhlich und heiter,
kein Leiden betrübe Dein Herz,
das Glück sei stets Dein Begleiter,
nie treffe Dich Kummer und Schmerz.

Wer lachen kann und fröhlich sein,
schenkt sich und andern Sonnenschein.

Zwei Blümlein auf der Au,
das eine rot, das andre blau,
das eine heißt: Ich liebe Dich,
das andre heißt: Vergißmeinnicht.

Lerne, was Dir aufgegeben,
spiele, wenn Du fertig bist.
Froh ist jedes Kinderleben,
wenn es fromm und fleißig ist.

Begrüße froh den Morgen,
der Müh und Arbeit gibt.
Es ist so schön, zu sorgen
für Menschen, die man liebt.

Steig froh des Morgens aus dem Bett,
finde alle Menschen nett,
freue Dich an allen Sachen,
die das Leben schöner machen.

Der hat sein Leben am besten vollbracht,
der die meisten Menschen hat froh gemacht.

Vieles hören, wenig sagen,
seine Not nicht jedem klagen,
sich im Glück und Unglück schicken,
sind die größten Meisterstücken.

Ich werde Rosen brechen,
brich Du Vergißmeinnicht,
ich werd' Dich nicht vergessen,
vergiß auch Du mich nicht.

Wenn Du Dir eine Freundin suchst,
dann such Dir eine echte,
denn unter 100 Freundinnen
sind 99 schlechte.

Ich schreibe nicht lange ein langes Gedicht,
ich schreib nur drei Worte:
»Gott schütze Dich.«

Willst Du immer weiter schweifen?
Sieh, das Gute liegt so nah.
Lerne nur das Glück ergreifen,
denn das Glück ist immer da.

Lerne Menschen kennen.
Menschen sind veränderlich.
Die Dich heute Freundin nennen,
schimpfen morgen über Dich.

Jugend ist Saatzeit!
Drum nütze die Stunden,
ehe der Frühling des Lebens vergeht.
Endlos nur sammle, und was Du gefunden,
bewahre als Schatz Dir für Geist und Gemüt.

Das will ich mir schreiben in Herz und Sinn,
daß ich nicht für mich auf Erden bin,
daß ich die Liebe, von der ich leb',
liebend an andere weitergeb'!

Omas schönste Gedichte und Lieder

Aber es gibt ja nicht nur Poesiealbendichtung. Was ist mit den vielen Liedern und Gedichten, die über lange Zeit hinweg zu bestimmten Gelegenheiten – Jahreszeiten, Feiertage, familiäre Anlässe – eine Stimmung zum Ausdruck gebracht haben? Sind sie nicht ein wichtiger Bestandteil unserer Kultur? Doch Kulturgut bleibt nur erhalten, wenn man es pflegt und kennt!

Wie eine kosmische Orange versinkt die Sonne im Meer. Schon bald züngeln die Flammen eines kleinen Lagerfeuers unter dem tropischen Sternenhimmel. Mit unseren neuen Urlaubsfreunden aus aller Welt sitzen wir im Sand, trinken viel zu warmen Wein und lassen den Tag noch einmal an uns vorüberziehen. Die Stimmung ist ausgelassen. Bruce, der junge Arzt aus Minnesota, greift zur Gitarre und singt amerikanische Country-Songs, als wäre er gerade vom Pferd gestiegen. Dann läßt er mit »When the Saints Go Marching In« die Heiligen einmarschieren und gibt die Gitarre an den Australier in der Runde weiter. Wie selbstverständlich singt Bob die heimliche Nationalhymne seiner Heimat, »Waltzing Mathilda«. Die traurige Ballade aus dem Jahr 1895 erzählt die Geschichte eines Viehdiebs. Doch Bobby-Boy ist kein Kind von Traurigkeit. Im australischen Busch-Hit »Pub With No Beer« beklagt er fröhlich die Trockenheit seiner Heimat. Dann lassen die Briten »Bonnie Over the Ocean« ziehen. Nun wandert die Gitarre in deutsche Hände. »Sing uns ein Lied aus deiner Heimat!«

Ein deutsches Lied? Wenn das mal so einfach wäre. »Das Wandern ist des Müllers Lust« – gut, aber wo wandert der Kerl hin? Über die erste Zeile kommt keiner aus unserer Gruppe hinaus, geschweige denn über die erste Strophe! Betretenes Schweigen. Jochen summt »Im Frühtau zu Berge – wir ziehn, fallera …« Doch wie ging das Lied weiter? Grüne Wälder und Höh'n, Hähne krähen. Tja, wieder verstummt die Runde nach dem ersten Satz. Wir haben die Texte und Melodien der alten Lieder vergessen, während so mancher Koreaner ergriffen »deutsche Liedel« singt. Jetzt fehlt unsere Oma am Lagerfeuer. Sie hätte gesungen, bis die Sonne wieder aufgeht: »Das muß ein schlechter Müller sein, dem niemals fiel das Wandern ein, Das Wandern, Das Wandern ...«

Im Märzen der Bauer

Im Märzen der Bauer die Rößlein einspannt,
Er setzt seine Felder und Wiesen instand.
Er pflüget den Boden, er egget und sät
Und rührt seine Hände frühmorgens bis spät.

Die Bäurin, die Mägde, sie dürfen nicht ruhn,
Sie haben im Haus und im Garten zu tun,
Sie graben und rechen und singen ein Lied
Und freun sich, wenn alles schön grünet und blüht.

So geht unter Arbeit das Frühjahr vorbei,
Dann erntet der Bauer das duftende Heu;
Er mäht das Getreide, dann drischt er es aus:
Im Winter, da gibt es manch fröhlichen Schmaus.

Alle Vögel sind schon da

Alle Vögel sind schon da, alle Vögel, alle!
Welch ein Singen, Musiziern, Pfeifen, Zwitschern, Tiriliern!
Frühling will nun einmarschiern, kommt mit Sang und Schalle.

Wie sie alle lustig sind, flink und froh sich regen!
Amsel, Drossel, Fink und Star und die ganze Vogelschar
Wünschen Dir ein frohes Jahr, lauter Heil und Segen.

Was sie uns verkünden nun, nehmen wir zu Herzen:
Alle wolln wir lustig sein, lustig wie die Vögelein,
Hier und dort, feldaus, feldein, singen, springen, scherzen.

Hoffmann von Fallersleben (1798–1874)

Er ist's

Frühling läßt sein blaues Band
Wieder flattern durch die Lüfte;
Süße, wohlbekannte Düfte
Streifen ahnungsvoll das Land.
Veilchen träumen schon,
Wollen balde kommen.
Horch, von fern ein leiser Harfenton!
Frühling, ja du bist's!
Dich hab ich vernommen!

Eduard Mörike (1804–1875)

Herr von Ribbeck auf Ribbeck im Havelland

Herr von Ribbeck auf Ribbeck im Havelland,
Ein Birnbaum in seinem Garten stand,
Und kam die goldene Herbsteszeit
Und die Birnen leuchteten weit und breit,
Da stopfte, wenn's Mittag vom Turme scholl,
Der von Ribbeck sich beide Taschen voll,
Und kam in Pantinen ein Junge daher,
So rief er: »Junge, wiste 'ne Beer?«
Und kam ein Mädel, so rief er: »Lütt Dirn,
Kumm man röwer, ick hebb 'ne Birn.«

So ging es viel Jahre, bis lobesam
Der von Ribbeck auf Ribbeck zu sterben kam.
Er fühlte sein Ende, 's war Herbsteszeit,
Wieder lachten die Birnen weit und breit,
Da sagte von Ribbeck: »Ich scheide nun ab.
Legt mir eine Birne mit ins Grab!«
Und drei Tage drauf, aus dem Doppeldachhaus,
Trugen von Ribbeck sie hinaus.
Alle Bauern und Büdner mit Feiergesicht
Sangen »Jesus meine Zuversicht!«
Und die Kinder klagten, das Herze schwer:
»He ist dod nu. Wer giwt uns nu 'ne Beer?«

So klagten die Kinder. Das war nicht recht –
Ach, sie kannten den alten Ribbeck schlecht!
Der neue freilich, der knausert und spart,
Hält Park und Birnbaum strenge verwahrt.
Aber der alte, vorahnend schon
Und voll Mißtraun gegen den eigenen Sohn,
Der wußte genau, was damals er tat,
Als um eine Birn ins Grab er bat;
Und im dritten Jahr aus dem stillen Haus
Ein Birnbaumsprößling sproßt' heraus.

Und die Jahre gehen wohl auf und ab,
Längst wölbt sich ein Birnbaum über dem Grab,
Und in der goldenen Herbsteszeit
Leuchtet's wieder weit und breit,
Und kommt ein Jung übern Kirchhof her,
So flüstert's im Baume: »Wiste 'ne Beer?«
Und kommt ein Mädel, so flüstert's: »Lütt Dirn,
Kumm man röwer, ick gew di 'ne Birn!«

So spendet Segen noch immer die Hand
Des von Ribbeck auf Ribbeck im Havelland.

Theodor Fontane (1819–1898)

Die Lorelei

Ich weiß nicht, was soll es bedeuten,
Daß ich so traurig bin;
Ein Märchen aus alten Zeiten,
Das kommt mir nicht aus dem Sinn.

Die Luft ist kühl und es dunkelt,
Und ruhig fließt der Rhein;
Der Gipfel des Berges funkelt
Im Abendsonnenschein.

Die schönste Jungfrau sitzet
Dort oben wunderbar;
Ihr goldnes Geschmeide blitzet,
Sie kämmt ihr goldenes Haar.

Sie kämmt es mit goldenem Kamme
Und singt ein Lied dabei;
Das hat eine wundersame,
Gewaltige Melodei.

Den Schiffer im kleinen Schiffe
Ergreift es mit wildem Weh;
Er schaut nicht die Felsenriffe,
Er schaut nur hinauf in die Höh.

Ich glaube, die Wellen verschlingen
Am Ende Schiffer und Kahn;
Und das hat mit ihrem Singen
Die Lorelei getan.

Heinrich Heine (1797–1856)

Wem Gott will rechte Gunst erweisen

Wem Gott will rechte Gunst erweisen,
Den schickt er in die weite Welt,
Dem will er seine Wunder weisen
In Berg und Wald und Strom und Feld.

Die Trägen, die zu Hause liegen,
Erquicket nicht das Morgenrot,
Sie wissen nur von Kinderwiegen,
Von Sorgen, Last und Not ums Brot.

Die Bächlein von den Bergen springen,
Die Lerchen schwirren hoch vor Lust.
Was sollt ich nicht mit ihnen singen
Aus voller Kehl und frischer Brust?

Den lieben Gott laß ich nur walten.
Der Bächlein, Lerchen, Wald und Feld
Und Erd und Himmel will erhalten,
Hat auch mein Sach aufs Best bestellt.

Joseph Freiherr von Eichendorff (1788–1857)

Knecht Ruprecht

Von drauß vom Walde komm ich her;
Ich muß euch sagen, es weihnachtet sehr!
Allüberall auf den Tannenspitzen
Sah ich goldene Lichtlein sitzen;
Und droben aus dem Himmelstor
Sah mit großen Augen das Christkind hervor,
Und wie ich so strolcht durch den finstern Tann,
Da rief's mich mit heller Stimme an:
»Knecht Ruprecht«, rief es, »alter Gesell,
hebe die Beine und spute dich schnell!
Die Kerzen fangen zu brennen an,
Das Himmelstor ist aufgetan,
Alt' und Junge sollen nun
Von der Jagd des Lebens einmal ruhn;
Und morgen flieg ich hinab zur Erden,
Denn es soll wieder Weihnachten werden!«

Ich sprach: »O lieber Herre Christ,
Meine Reise fast zu Ende ist;
Ich soll nur noch in diese Stadt,
Wo's eitel gute Kinder hat.«
– »Hast denn das Säcklein auch bei dir?«
Ich sprach: »Das Säcklein, das ist hier;
Denn Äpfel, Nuß und Mandelkern
Essen fromme Kinder gern.«
– »Hast denn die Rute auch bei dir?«
Ich sprach: »Die Rute, die ist hier;
Doch für die Kinder nur, die schlechten,
Die trifft sie auf den Teil, den rechten.«
Christkindlein sprach: »So ist es recht!
So geh mit Gott, mein treuer Knecht!«

Von drauß vom Walde komm ich her;
Ich muß euch sagen, es weihnachtet sehr!
Nun sprecht, wie ich's hierinnen find:
Sind's gute Kind, sind's böse Kind?

Theodor Storm (1817–1888)

Das Wandern ist des Müllers Lust

Das Wandern ist des Müllers Lust, das Wandern.
Das muß ein schlechter Müller sein, dem niemals fiel
das Wandern ein,
Das Wandern.

Vom Wasser haben wir's gelernt, vom Wasser.
Das hat nicht Rast bei Tag und Nacht, ist stets auf
Wanderschaft bedacht,
Das Wasser.

Die Steine selbst, so schwer sie sind, die Steine.
Sie tanzen mit den muntern Reihn und wollen gar noch
schneller sein,
Die Steine.

O Wandern, Wandern meine Lust, o Wandern!
Herr Meister und Frau Meisterin, laßt mich in Frieden
weiterziehn
Und wandern!

Wilhelm Müller (1794–1827)

Nun ade, du mein lieb Heimatland (Auszug)

Nun ade, du mein lieb Heimatland,
Lieb Heimatland, ade.
Es geht nun fort zum fremden Strand,
Lieb Heimatland, ade.
Und so sing ich denn mit frohem Mut,
Wie man singet, wenn man wandern tut,
Lieb Heimatland, ade.

Wie du lachst mit deines Himmels Blau,
Lieb Heimatland, ade.
Wie du grüßest mich mit Feld und Au,
Lieb Heimatland, ade.
Gott weiß, zu dir steht stets mein Sinn,
Doch jetzt zur Ferne zieht's mich hin.
Lieb Heimatland, ade!

August Disselhoff (1829–1903)

Hoch auf dem gelben Wagen

Hoch auf dem gelben Wagen sitz ich beim Schwager vorn.
Vorwärts die Rosse traben, lustig schmettert das Horn,
Felder, Wiesen und Auen, leuchtendes Ährengold.
Ich möchte so gerne noch schauen, aber der Wagen, der rollt.

Flöten hör ich und Geigen, lustiges Baßgebrumm,
Junges Volk im Reigen tanzt um die Linde herum.
Wirbelt wie Blätter im Winde, jauchzet und lacht und tollt.
Ich bliebe so gerne bei der Linde, aber der Wagen, der rollt.

Postillon in der Schenke füttert die Rosse im Flug,
Schäumendes Gerstengetränke reicht der Wirt mir im Krug.
Hinter den Fensterscheiben lacht ein Gesicht so hold.
Ich möchte so gerne noch bleiben, aber der Wagen, der rollt.

Sitzt einmal ein Gerippe dort bei dem Schwager vorn,
Hält statt der Peitsche die Hippe, Stundenglas statt Horn,
Sag ich: »Ade, nun ihr Lieben, die ihr nicht mitfahren wollt!
Ich wär doch so gerne geblieben, aber der Wagen, der rollt.«

Rudolf Baumbach (1840–1905)

Ode an die Freude

Freude, schöner Götterfunken,
Tochter aus Elysium,
wir betreten feuertrunken,
Himmlische, dein Heiligtum.
Deine Zauber binden wieder,
was die Mode streng geteilt.
Alle Menschen werden Brüder,
wo dein sanfter Flügel weilt.

Seid umschlungen, Millionen!
Diesen Kuß der ganzen Welt!
Brüder – überm Sternenzelt
muß ein lieber Vater wohnen.

Wem der große Wurf gelungen,
eines Freundes Freund zu sein,
wen ein holdes Weib errungen,
mische seinen Jubel ein!
Ja wer auch nur eine Seele
sein nennt auf dem Erdenrund!
Und wer's nie gekonnt, der stehle
weinend sich aus diesem Bund!

Was den großen Ring bewohnet,
huldige der Sympathie!
Zu den Sternen leitet sie,
wo der Unbekannte thronet.

Freude trinken alle Wesen
an den Brüsten der Natur.
Alle Guten, alle Bösen
folgen ihrer Rosenspur.
Küsse gab sie uns und Reben,
einen Freund, geprüft im Tod;
Wollust ward dem Wurm gegeben,
und der Cherub steht vor Gott.

Ihr stürzt nieder, Millionen?
Ahnest du den Schöpfer, Welt?
Such ihn überm Sternenzelt!
Über Sternen muß er wohnen.

Freude heißt die starke Feder
in der ewigen Natur.
Freude, Freude treibt die Räder
in der großen Weltenuhr.
Blumen lockt sie aus den Keimen,
Sonnen aus dem Firmament,
Sphären rollt sie in den Räumen,
die des Sehers Rohr nicht kennt.

Froh, wie seine Sonnen fliegen
durch des Himmels prächt'gen Plan,

wandelt, Brüder, eure Bahn,
freudig wie ein Held zum Siegen.

Aus der Wahrheit Feuerspiegel
lächelt sie den Forscher an.
Zu der Tugend steilem Hügel
leitet sie des Dulders Bahn.
Auf des Glaubens Sonnenberge
sieht man ihre Fahnen wehn,
durch den Riß gesprengter Särge
sie im Chor der Engel stehn.

Duldet mutig, Millionen!
Duldet für die bessre Welt!
Droben überm Sternenzelt
wird ein großer Gott belohnen.

Göttern kann man nicht vergelten;
schön ist's ihnen gleich zu sein.
Gram und Armut soll sich melden,
mit den Frohen sich erfreun.
Groll und Rache sei vergessen,
unserm Todfeind sei verziehn.
Keine Träne soll ihn pressen,
keine Reue nage ihn.

Unser Schuldbuch sei vernichtet!
Ausgesöhnt die ganze Welt!
Brüder – überm Sternenzelt
richtet Gott, wie wir gerichtet.

Freude sprudelt in Pokalen,
in der Traube goldnem Blut
trinken Sanftmut Kannibalen,
die Verzweiflung Heldenmut.
Brüder, fliegt von euren Sitzen,
wenn der volle Römer kreist,
laßt den Schaum zum Himmel spritzen:
Dieses Glas dem guten Geist!

Den der Sterne Wirbel loben,
den des Seraphs Hymne preist,
dieses Glas dem guten Geist
überm Sternenzelt dort oben!

Festen Mut in schweren Leiden,
Hilfe, wo die Unschuld weint,
Ewigkeit geschwornen Eiden,
Wahrheit gegen Freund und Feind,
Männerstolz vor Königsthronen –
Brüder, gält es Gut und Blut –
dem Verdienste seine Kronen,
Untergang der Lügenbrut!

Schließt den heiligen Zirkel dichter,
schwört bei diesem goldnen Wein,
dem Gelübde treu zu sein,
schwört es bei dem Sternenrichter!

Rettung von den Tyrannenketten,
Großmut auch dem Bösewicht,
Hoffnung auf den Sterbebetten,
Gnade auf dem Hochgericht!
Auch die Toten sollen leben!
Brüder, trinkt und stimmt mit ein,
allen Sündern soll vergeben
und die Hölle nicht mehr sein.

Eine heitre Abschiedsstunde!
Süßen Schlag im Leichentuch!
Brüder – einen sanften Spruch
aus des Totenrichters Munde!

Friedrich Schiller (1759–1805)

Die Gedanken sind frei

Die Gedanken sind frei, wer kann sie erraten?
Sie fliehen vorbei wie nächtliche Schatten.
Kein Mensch kann sie wissen, kein Jäger erschießen
Mit Pulver und Blei. Die Gedanken sind frei.

Ich denke, was ich will und was mich beglücket,
Doch alles in der Still und wie es sich schicket.
Mein Wunsch und Begehren kann niemand verwehren.
Es bleibet dabei: Die Gedanken sind frei!

Und sperrt man mich ein im finsteren Kerker,
Das alles sind rein vergebliche Werke!
Denn meine Gedanken zerreißen die Schranken
Und Mauern entzwei: Die Gedanken sind frei.

Drum will ich auf immer den Sorgen entsagen
Und will mich auch nimmer mit Grillen mehr plagen.
Man kann ja im Herzen stets lachen und scherzen
Und denken dabei: Die Gedanken sind frei.

Wilhelm Tell (Auszug)

O lerne fühlen, welches Stammes du bist!
Wirf nicht für eiteln Glanz und Flitterschein
Die echte Perle deines Wertes hin!
Das Haupt zu heißen eines freien Volks,
Das dir aus Liebe nur sich herzlich weiht,
Das treulich zu dir steht in Kampf und Tod –
Das sei dein Stolz, des Adels rühme dich!
Die angebornen Bande knüpfe fest;
Ans Vaterland, ans teure, schließ dich an,
Das halte fest mit deinem ganzen Herzen!
Hier sind die starken Wurzeln deiner Kraft;
Dort in der fremden Welt stehst du allein,
Ein schwankes Rohr, das jeder Sturm zerknickt.

Friedrich Schiller (1759–1805)

Die Stadt

Am grauen Strand, am grauen Meer,
und seitab liegt die Stadt;
der Nebel drückt die Dächer schwer,
und durch die Stille braust das Meer
eintönig um die Stadt.

Es rauscht kein Wald, es schlägt im Mai
kein Vogel ohn' Unterlaß;
die Wandergans mit hartem Schrei
nur fliegt in Herbstesnacht vorbei,
am Strande weht das Gras.

Doch hängt mein ganzes Herz an dir,
du graue Stadt am Meer;
der Jugend Zauber für und für
ruht lächelnd doch auf dir, auf dir,
du graue Stadt am Meer.

Theodor Storm (1817–1888)

Es klappert die Mühle am rauschenden Bach

Es klappert die Mühle am rauschenden Bach,
klipp klapp!
Bei Tag und bei Nacht ist der Müller stets wach,
klipp klapp!
Er mahlet das Korn zu dem kräftigen Brot,
und haben wir dieses, so hat's keine Not.
Klipp klapp, klipp klapp, klipp klapp!

Flink laufen die Räder und drehen den Stein,
klipp klapp!
Und mahlen den Weizen zu Mehl uns so fein,
klipp klapp!
Der Bäcker dann Zwieback und Kuchen draus bäckt,
der immer den Kindern besonders gut schmeckt.
Klipp klapp, klipp klapp, klipp klapp!

Wenn reichliche Körner das Ackerfeld trägt,
klipp klapp!
Die Mühle dann flink ihre Räder bewegt,
klipp klapp!
Und schenkt uns der Himmel nur immerdar Brot,
so sind wir geborgen und leiden nicht Not.
Klipp klapp, klipp klapp, klipp klapp!

Ernst Anschütz (1780–1861)

Im schönsten Wiesengrunde

Im schönsten Wiesengrunde
ist meiner Heimat Haus,
da zog ich manche Stunde
ins Tal hinaus.
Dich, mein stilles Tal,
grüß' ich tausendmal!
Da zog ich manche Stunde
ins Tal hinaus.

Muß aus dem Tal jetzt scheiden,
wo alles Lust und Klang;
das ist mein herbstes Leiden,
mein letzter Gang.
Dich, mein stilles Tal,
grüß' ich tausendmal!
Das ist mein herbstes Leiden,
mein letzter Gang.

Sterb' ich, in Tales Grunde
will ich begraben sein;
singt mir zur letzten Stunde
beim Abendschein:
Dich, mein stilles Tal,
grüß' ich tausendmal!
Singt mir zur letzten Stunde,
beim Abendschein.

Wilhelm Ganzhorn (1818–1880)

Es waren zwei Königskinder

Es waren zwei Königskinder,
die hatten einander so lieb;
sie konnten zusammen nicht kommen,
das Wasser war viel zu tief.

»Ach Liebster, könntest du schwimmen,
so schwimm doch herüber zu mir!
Drei Kerzen will ich anzünden,
und die sollen leuchten zu dir.«

Das hört' ein falsches Nönnchen,
die tät, als wenn sie schlief;
sie tät die Kerzlein auslöschen,
der Jüngling ertrank so tief.

Es war am Sonntagmorgen,
die Leute waren so froh;
nicht so die Königstochter,
ihre Augen saßen ihr zu.

»Ach Mutter, herzliebste Mutter,
mein Kopf tut mir so weh!
Ich möchte so gern spazieren
wohl an die grüne See.«

Die Mutter ging nach der Kirche,
die Tochter hielt ihren Gang,
sie ging so lang spazieren,
bis sie den Fischer fand.

»Ach Fischer, liebster Fischer,
willst du verdienen groß Lohn,
so wirf dein Netz ins Wasser
und fisch mir den Königssohn!«

Er warf das Netz ins Wasser,
es ging bis auf den Grund;

er fischte und fischte so lange,
bis er den Königssohn fund.

Was zog sie von ihrem Finger?
Ein Ringlein von Gold so rot:
»Sieh da, du wohledler Fischer,
kauf deinen Kindern Brot!«

Sie schwang sich um ihren Mantel
und sprang wohl in die See:
»Gute Nacht, mein Vater und Mutter,
ihr seht mich nimmermeh!«

Mailied

Wie herrlich leuchtet
mir die Natur!
Wie glänzt die Sonne!
Wie lacht die Flur!

Es dringen Blüten
aus jedem Zweig
und tausend Stimmen
aus dem Gesträuch

und Freud und Wonne
aus jeder Brust.
O Erd, o Sonne!
O Glück, o Lust!

O Lieb, o Liebe
so golden schön
wie Morgenwolken
auf jenen Höhn!

Du segnest herrlich
das frische Feld,
im Blütendampfe
die volle Welt.

O Mädchen, Mädchen,
wie lieb ich dich!
Wie blickt dein Auge!
Wie liebst du mich!

So liebt die Lerche
Gesang und Luft,
und Morgenblumen
den Himmelsduft,

wie ich dich liebe
mit warmem Blut,
die du mir Jugend
und Freud und Mut

zu neuen Liedern
und Tänzen gibst:
Sei ewig glücklich,
wie du mich liebst!

Johann Wolfgang von Goethe
(1749–1832)

Erlkönig

Wer reitet so spät durch Nacht und Wind?
Es ist der Vater mit seinem Kind;
er hat den Knaben wohl in dem Arm,
er faßt ihn sicher, er hält ihn warm.

»Mein Sohn, was birgst du so bang dein Gesicht?« –
»Siehst, Vater, du den Erlkönig nicht?
Den Erlenkönig mit Kron und Schweif?« –
»Mein Sohn, es ist ein Nebelstreif.«

»Du liebes Kind, komm, geh mit mir!
Gar schöne Spiele spiel ich mit dir;
manch bunte Blumen sind an dem Strand,
meine Mutter hat manch gülden Gewand.«

»Mein Vater, mein Vater, und hörest du nicht,
was Erlenkönig mir leise verspricht?« –
»Sei ruhig, bleibe ruhig, mein Kind,
in dürren Blättern säuselt der Wind.«

»Willst, feiner Knabe du mit mir gehen?
Meine Töchter sollen dich warten schön;
meine Töchter führen den nächtlichen Reihn
und wiegen und tanzen und singen dich ein.«

»Mein Vater, mein Vater, und siehst du nicht dort
Erlkönigs Töchter am düstern Ort?« –
»Mein Sohn, mein Sohn, ich seh' es genau,
es scheinen die alten Weiden so grau.«

»Ich liebe dich, mich reizt deine schöne Gestalt;
und bist du nicht willig, so brauch' ich Gewalt.« –
»Mein Vater, mein Vater, jetzt faßt er mich an!
Erlkönig hat mir ein Leides getan!«

Dem Vater grausets, er reitet geschwind,
er hält in den Armen das ächzende Kind,
erreicht den Hof mit Mühe und Not;
in seinen Armen das Kind war tot.

Johann Wolfgang von Goethe (1749–1832)

Abendlied

Der Mond ist aufgegangen;
die goldnen Sternlein prangen
am Himmel hell und klar;
der Wald steht schwarz und schweiget,
und aus den Wiesen steiget
der weiße Nebel wunderbar.

Wie ist die Welt so stille
und in der Dämmrung Hülle
so traulich und so hold.
Als eine stille Kammer,

wo ihr des Tages Jammer
verschlafen und vergessen sollt.

Seht ihr den Mond dort stehen?
Er ist nur halb zu sehen
und ist doch rund und schön!
So sind wohl manche Sachen,
die wir getrost belachen,
weil unsre Augen sie nicht sehn.

Wir stolzen Menschenkinder
sind eitel arme Sünder
und wissen gar nicht viel;
wir spinnen Luftgespinste
und suchen viele Künste
und kommen weiter von dem Ziel.

Gott, laß Dein Heil uns schauen,
auf nichts Vergänglichs trauen,
nicht Eitelkeit uns freun!
Laß uns einfältig werden
und vor Dir hier auf Erden
wie Kinder fromm und fröhlich sein!

Wollst endlich sonder Grämen
aus dieser Welt uns nehmen
durch einen sanften Tod.
Und, wenn Du uns genommen,
laß uns in Himmel kommen,
Du unser Herr und unser Gott!

So legt euch denn, ihr Brüder,
in Gottes Namen nieder;
kalt ist der Abendhauch.
Verschon uns, Gott, mit Strafen,
und laß uns ruhig schlafen!
Und unsern kranken Nachbar auch!

Matthias Claudius (1740–1815)

Müde bin ich

Müde bin ich, geh' zur Ruh,
schließe beide Äuglein zu.
Vater, laß die Augen Dein
über meinem Bette sein!

Hab ich Unrecht heut getan,
sieh es, lieber Gott, nicht an!
Deine Gnad und Jesu Blut
macht ja allen Schaden gut.

Alle, die mir sind verwandt,
Gott, laß ruhn in Deiner Hand.
Alle Menschen, groß und klein,
sollen Dir befohlen sein.

Kranken Herzen sende Ruh,
nasse Augen schließe zu.
Laß den Mond am Himmel stehn
und die stille Welt besehn.

Luise Hensel (1798–1876)

Advent

Es treibt der Wind im Winterwalde
die Flockenherde wie ein Hirt,
und manche Tanne ahnt, wie balde
sie fromm und lichterheilig wird,
und lauscht hinaus. Den weißen Wegen
streckt sie die Zweige hin – bereit,
und weht dem Wind und wächst entgegen
der einen Nacht der Herrlichkeit.

Rainer Maria Rilke (1875–1926)

Es ist ein Ros entsprungen (Auszug)

Es ist ein Ros entsprungen
aus einer Wurzel zart,
als uns die Alten sungen,
aus Jesse kam die Art,
und hat ein Blümlein bracht
mitten im kalten Winter
wohl zu der halben Nacht.

Das Röslein, das ich meine,
davon Jesaias sagt,
hat uns gebracht alleine
Marie, die reine Magd.
Aus Gottes ewigem Rat
hat sie ein Kind geboren
wohl zu der halben Nacht.

Winternacht

Verschneit liegt rings die ganze Welt,
ich hab' nichts, was mich freuet,
verlassen steht der Baum im Feld,
hat längst sein Laub verstreuet.

Der Wind nur geht bei stiller Nacht
und rüttelt an dem Baume;
da rührt er seinen Wipfel sacht
und redet wie im Traume.

Er träumt von künft'ger Frühlingszeit,
von Grün und Quellenrauschen,
wo er im neuen Blütenkleid
zu Gottes Lob wird rauschen.

Joseph Freiherr von Eichendorff (1788–1857)

Es war einmal – welche Märchen muß man kennen?

»Bitte, erzähl uns eine Geschichte!« Ja, wie war das doch noch gleich? Da gingen zwei Kinder namens Hänsel und Gretel in den Wald, fanden nach 100 Jahren eine Dornenhecke, küßten die Hexe, und plötzlich verwandelte sich ein Frosch in einen Prinzen ...?

Nein, nein! So geht es nicht. Doch wer weiß heute noch genau, wie viele Feen bei Dornröschen an der Wiege standen, warum zwei Geschwister im Knusperhaus der Hexe gefangen waren und was eine goldene Kugel mit dem Froschkönig zu tun hat?

In Zeiten von zaubernden Actionhelden wie Harry Potter gehen die guten alten Gute-Nacht-Geschichten langsam verloren. Dabei wird auch in Märchen jede Menge gezaubert.

Wie war es damals? Es war einmal eine Oma, die konnte so herrlich von Königen, Zwergen, Feen und allerlei Wesen erzählen, daß die Kinder ohne Märchen nicht einschlafen mochten. So saß Oma am Bett und erzählte. Bis ihre sanfte Stimme die Kinder in den Schlaf geflüstert hatte ...

Jacob (1785–1863) und Wilhelm Grimm (1786–1859)

Jacob und Wilhelm Grimm waren Brüder. Die Professoren aus dem hessischen Hanau erfanden die meisten Märchen nicht selbst: Sie sammelten sie. Die meisten Geschichten ließen sie sich von einer alten Bäuerin namens Dorothea Viehmann erzählen. Jacob Grimm verfaßte außerdem die *Deutsche Grammatik*. Beide lehrten an der Berliner Universität und arbeiteten am *Deutschen Wörterbuch*.

Wie heißen die berühmtesten Märchen der Brüder Grimm?

Schneewittchen
Eine eitle Königin befragte ihren Spiegel: »Spieglein, Spieglein an der Wand, wer ist die Schönste im ganzen Land?« Lange Zeit ant-

wortete der Spiegel zu ihrer Zufriedenheit: »Ihr, Frau Königin!« Doch dann sagte er eines Tages: »Schneewittchen ist tausendmal schöner als Ihr!« Da beschloß die Königin, Schneewittchen zu töten. Doch das Mädchen entging den Anschlägen der bösen Frau immer wieder und fand schließlich bei den sieben Zwergen im Wald Schutz. Doch ein vergifteter Apfel, den die böse Königin ihr als alte Frau verkleidet brachte, wurde dem schönen Mädchen fast zum Verhängnis. Erst ein Königssohn, der Schneewittchen in ihrem gläsernen Sarg liegen sah, rettete sie.

Aschenputtel
Am Grab der Mutter weinte Aschenputtel bittere Tränen. Das Mädchen litt unter der bösen Stiefmutter, die ihre beiden eigenen Töchter bevorzugte. Aschenputtel mußte niedrigste Arbeiten verrichten. Als der König zum Fest aufs Schloß lud, durfte Aschenputtel nicht mit. Sie hatte nichts anzuziehen. Als sie am Grab der Mutter saß, fielen goldene Kleider und Pantoffeln vom Haselbaum. Damit ging Aschenputtel aufs Fest. Der Sohn des Königs tanzte die ganze Nacht mit ihr. Er hatte sich in das fremde Mädchen verliebt. Als Aschenputtel am Ende des Festes rasch nach Hause lief, verlor sie ein goldenes Pantöffelchen. Der Prinz hob den Schuh auf und suchte nach ihr. Das Mädchen, das er fand, war von Asche bedeckt. Aber der Schuh paßte! Der Prinz hatte Aschenputtel, seine große Liebe, gefunden.

Rotkäppchen
Um der kranken Großmutter Kuchen und Wein zu bringen, mußte Rotkäppchen durch den finsteren Wald. Dort lauerte der böse Wolf. Er wollte das Mädchen fressen, doch Rotkäppchen ließ sich nicht beirren. Da kam der Wolf auf eine List: Er schlich zum Haus der Großmutter, fraß die alte Frau auf, schlüpfte in ihre Kleider und legt sich in ihr Bett. Als Rotkäppchen kam, fragte das Mädchen: »Großmutter, warum hast du so ein großes Maul?« Da schnappte der Wolf zu und fraß das Mädchen auf. Doch ein Jäger fand den schlafenden Wolf im Bett, schnitt ihm den Bauch auf, befreite die Opfer und nähte Steine in den Bauch des Tieres. Als der Wolf wach wurde, war er durstig. Er ging zum Brunnen und ertrank, weil ihn die Steine in die Tiefe hinabzogen.

Dornröschen
Ein Königspaar wünschte sich nichts sehnlicher als ein Kind. Als sie endlich eine Prinzessin bekamen, luden sie alle Feen des Reiches an die Festtafel ein. Doch das Königspaar hatte die 13. Fee nicht eingeladen. Gerade als alle guten Feen das Kind mit ihren Wünschen beschenkten, trat die böse Fee an die Wiege und sagte: »Die Prinzessin soll sich an einer Spindel verletzen und sterben.« Doch eine gute Fee hatte noch einen Wunsch offen. Sie hatte zwar nicht die Macht, den bösen Spruch aufzuheben, aber sie konnte ihn entkräften. »Die Prinzessin wird nicht sterben, aber 100 Jahre hinter einer Dornenhecke schlafen«, sagte sie. Und so geschah es, bis ein Prinz kam und das schöne Dornröschen wachküßte.

Hänsel und Gretel
Weil sie so arm waren, überredete die böse Frau ihren Mann, die Kinder Hänsel und Gretel im Wald auszusetzen. Doch die Geschwister fanden wieder heim, weil der Junge den Weg markiert hatte. Als Hänsel eines Tages Brot als Markierung benutzte, pickten die Vögel des Waldes die Bröckchen auf. Die Kinder waren verloren. Dann kamen sie im Wald an ein Häuschen, das aus Pfefferkuchen gebaut war. Sie waren hungrig und knabberten am Dach und an den Scheiben. Doch das Haus gehörte einer Hexe. Sie fing die Kinder, sperrte sie ein und fütterte Hänsel fett, um den Jungen später im Ofen zu braten. Doch Gretel rettete den Bruder, indem sie die Hexe in den Ofen schubste.

Der Wolf und die sieben Geißlein
Die alte Geiß mußte in den Wald, um Futter zu holen. Sie warnte ihre sieben jungen Geißlein vor dem bösen Wolf. »Nehmt euch in acht, liebe Kinder!« Doch der clevere Wolf ließ sich vom Bäkker die Pfote mit Mehl weiß pudern und klopfte damit an die Haustür. Die Geißlein bemerkten den Trick zu spät: Obwohl sie sich überall versteckten, fand der Wolf sie und fraß sie auf. Nur das kleinste Geißlein, das sich im Uhrenkasten versteckt hatte, entdeckte er nicht. Als die alte Geiß nach Hause kam, erzählte das überlebende Geißlein, was geschehen war. Sie suchten den Wolf. Er schlief, als sie ihn fanden. Die alte Geiß schnitt ihm den

Bauch auf, befreite die sechs anderen Geißlein und nähte Steine in den Bauch. Als der Wolf erwachte, lief er zum Brunnen, um zu trinken. Doch die schweren Wackersteine zogen ihn in die Tiefe.

Hans im Glück
Sieben Jahre hatte Hans gearbeitet. Dafür bekam er von seinem Herrn ein Stück Gold als Lohn. Auf dem Weg nach Hause jedoch tauschte Hans das Gold gegen ein Pferd, dann das Pferd gegen eine Kuh, die gegen ein Schwein, das Schwein gegen eine Gans, und schließlich schwatzte ihm ein Scherenschleifer die Gans ab: Hans tauschte sie gegen einen Stein. Am Ende stand er mit leeren Händen da – aber Hans war glücklich!

Der Froschkönig
Wenn die schöne Königstochter Langeweile hatte, spielte sie mit ihrer goldenen Kugel an einem Brunnen. Eines Tages fiel die Kugel in den Brunnen. Die Königstochter weinte bitterlich um ihr Spielzeug. Da erschien ein Frosch. Er versprach, die goldene Kugel aus dem Brunnen zu holen, wenn er mit ihr in ihrem königlichen Bettchen schlafen dürfte. Das Mädchen versprach es, doch als der Frosch ihr die Kugel wieder zurückbrachte, lief es weg. Der Frosch folgte der Königstochter in den Palast, doch sie fürchtete sich vor dem kalten Tier. Der König befahl ihr, das Versprechen zu halten. Als der Frosch zu ihr ins Bett wollte, warf sie ihn an die Wand. Und der Frosch verwandelte sich in einen wunderschönen Prinzen.

Rumpelstilzchen
Der Müller versprach dem König, daß seine Tochter Stroh zu Gold spinnen könne. Daraufhin sperrte der König das junge Mädchen in eine Kammer mit Stroh und drohte: »Wenn du bis morgen kein Gold gesponnen hast, mußt du sterben.« Das Mädchen weinte bitterlich. Da erschien plötzlich ein kleines Männchen und versprach der Müllerstochter, an ihrer Stelle Stroh zu Gold zu spinnen. Aber der Preis war hoch: Nachdem das Männchen dem Mädchen alles abgenommen hatte, verlangte es ihr erstgeborenes Kind. Der König, vom Goldspinnen der Müllerstochter beeindruckt, heiratete sie. Und als die Kö-

nigin ihr erstes Kind bekam, tauchte plötzlich das Männchen wieder auf. Da weinte die junge Mutter bitterlich. »Wenn du meinen Namen raten kannst, darfst du dein Kind behalten.« Die Königin belauschte das Männlein im Wald – es hieß Rumpelstilzchen.

Frau Holle
Eine Witwe hatte eine schöne, fleißige und eine häßliche, faule Tochter. Die Fleißige saß immer auf dem Brunnen und mußte spinnen, bis ihre Hände bluteten. Eines Tages fiel die Spule in den Brunnen. Die böse Mutter zwang das Mädchen, die Spule wieder heraufzuholen. Das Kind sprang in den Brunnen. Es landete auf einer schönen Wiese. Dort stand ein Haus, in dem Frau Holle wohnte. Das fleißige Mädchen schüttelte für die alte Frau die Betten aus und half ihr, wo es nur konnte. Als Dank überschüttete Frau Holle das Mädchen mit Gold, bevor es wieder nach Haus durfte. Die Mutter war beeindruckt und wollte, daß auch ihre faule Tochter mit Gold überschüttet wurde. Sie mußte ebenfalls in den Brunnen hinabsteigen, doch bei Frau Holle war sie so faul wie immer. Die Faule wurde mit Pech überschüttet, das ihr Leben lang an ihr hängenblieb.

Hans Christian Andersen, der dänische Dichter (1805–1875)

Hans Christian Andersen war Sohn eines Schuhmachers und wurde später von König Friedrich VI. gefördert. Er bekam ein staatliches Dichtergehalt. Seine vielen Auslandsreisen führten ihn oft nach Deutschland.

Andersens berühmteste Märchen

Des Kaisers neue Kleider
Vor vielen Jahren lebte ein Kaiser, der sich nicht um sein Volk kümmerte, sondern all sein Geld für Kleider ausgab. Eines Tages kamen Fremde in die Stadt, die sich für Weber ausgaben. Die Betrüger behaupteten, daß sie nicht nur die schönsten Stoffe herstellten, sondern Kleider schneidern könnten, die für alle dummen Menschen unsichtbar seien. Der Kaiser sandte seine

Minister aus, die Stoffe zu beurteilen. Die konnten zwar nichts sehen, lobten die Arbeit der Weber aber überschwenglich. Sie wollten schließlich nicht als dumm gelten. Am Tag der Anprobe erschrak der Kaiser, denn auch er konnte keine Kleider sehen. »Wie prächtig! Wie schön!« lobte er die Arbeit der Betrüger. Der Kaiser zog die vermeintlichen Kleider sogar an – und stand nackt vor seinem Volk. Doch alle lobten die herrliche Garderobe. Bis auf ein kleines Kind. Es entlarvte die Lügerei, als es rief: »Der Kaiser ist nackt!«

Die Prinzessin auf der Erbse
Es war einmal ein Prinz, der wollte heiraten. Um sicherzugehen, daß es sich bei der Auserwählten wirklich um eine Prinzessin handelte, legte seine Mutter, die Königin, abends eine Erbse auf das Bett. Dann nahm sie 20 Matratzen und 20 Daunendecken und legte sie über die Erbse. Am nächsten Morgen klagte die Prinzessin: »Ich habe die ganze Nacht nicht geschlafen, denn ich habe auf etwas sehr Hartem gelegen.« Da wußte der Prinz, daß sie eine echte Prinzessin war. Keine normale Frau könnte so empfindlich sein.

Das häßliche Entlein
Eine Entenmutter brütete sechs Eier aus, von denen ein Ei ganz besonders groß war. Aus fünf Eiern schlüpften süße, kleine Entchen. Doch aus dem sechsten Ei kam ein übergroßes, häßliches Entenkind. Es wurde von den Geschwistern geneckt, geärgert und ausgelacht. Auch die Entenmutter wollte das häßliche Küken am liebsten loswerden und sagte: »Ich wünschte, dich würde die Katze fressen.« Da schwamm das häßliche Entlein weit, weit fort von seiner Familie. Es wurde Winter, und das Vogelkind fror bitterlich auf dem Eis. Da sah es große Vögel in der Luft fliegen. Es streckte die Flügel aus und flog hinterher. »Sollen die Vögel mich doch töten«, dachte es. Doch die Vögel waren Schwäne. Sie begrüßten das vermeintliche Entlein herzlich, denn aus dem häßlichen Entchen war ein wunderschöner junger Schwan geworden.

Wilhelm Hauff (1802–1827)

Wilhelm Hauff wurde in Stuttgart als Sohn eines Beamten geboren. Er studierte in Tübingen evangelische Theologie und arbeitete nach dem Doktorexamen als Hauslehrer. In seinem kurzen Leben entwickelte Hauff eine enorme Schaffenskraft. Sein erstes Buch war der *Märchenalmanach* mit Geschichten von »Kalif Storch«, »Zwerg Nase« und dem »Kleinen Muck«. *Das Wirtshaus im Spessart* ist sicher sein bekanntestes Buch.

Die bekanntesten Märchen von Wilhelm Hauff

Der kleine Muck
Er war noch ganz klein, als sein Vater starb. Aber er hatte Pantoffeln, die ihn durch die Lüfte trugen, und ein Zauberstöckchen. Damit ging er zum Palast und bot sich als schneller Läufer an. Mit dem Zauberstock fand er Gold, das er am Hof großzügig verteilte, um sich Freunde zu machen. Doch die Neider beschuldigten ihn, das Gold gestohlen zu haben. Der König warf ihn ins Gefängnis. Um wieder freizukommen, verriet der kleine Muck dem König das Geheimnis seiner Pantoffeln. Der Herrscher nahm Muck die Pantoffeln weg und warf ihn aus der Stadt. Unterwegs aß der kleine Muck Feigen und bekam eine lange Nase und Eselsohren. Als er von einem anderen Baum aß, wurden seine Ohren wieder normal. Er verkleidete sich als Händler, verkaufte die Feigen an den Koch des Königs – und auch der König bekam eine lange Nase und Eselsohren. Der kleine Muck nahm sich seine Pantoffeln und verschwand.

Kalif Storch
Ein Händler verkaufte dem Kalifen von Bagdad ein Pulver und einen Zauberspruch, mit dem man sich in Tiere verwandeln und ihre Sprache verstehen konnte. Wenn man allerdings den Zauberspruch »Mutabor« vergaß, konnte man sich nicht in einen Menschen zurückverwandeln. Gemeinsam mit dem Großwesir ging der Kalif an einen Teich. Dort verwandelten sich die beiden in Störche und belauschten die Vögel. Die echten Störche unterhielten sich über eine Feier. Sie wollten das Tanzen üben. Als alle auf einem Bein standen und mit den Flügeln schlugen, lachten

Kalif und Großwesir laut und ausgelassen. Dabei vergaßen sie den Zauberspruch! Da witterte der Kalif Verrat. Nachts hörte er plötzlich ein Wehklagen im Schilf. Es war eine verzauberte Eule. »Mein Vater ist der König von Indien«, sagte die Eule. »Mir wurde prophezeit, daß ich durch Störche befreit werde.« Die Eule verriet, daß sich Zauberer nachts in einer Ruine trafen und sich dort gegenseitig Zauberworte verrieten. Sie sagte: »Aber ich kann nur befreit werden, wenn Ihr mir die Ehe versprecht.« Der Kalif und sein Wesir hörten, wie die Zauberer »Mutabor« sagten, und verwandelten sich zurück in Menschen. Da stand eine wunderschöne Prinzessin neben ihnen. Sie hatte sich aus der Eule zurückverwandelt.

Meine Lieblingsverse und -geschichten

Zeit und Zeitvertreib

Es war an einem Nachmittag bei Freunden. »Was sollen wir spielen?« Fünf kleine Quälgeister können die gemütliche Runde der Erwachsenen leicht sprengen. Im Haus der Großeltern gibt es zwar einen Computer, aber keine Computerspiele. Oma nutzt »das Gerät« (wie sie ihren Computer nennt) zwar, um im Internet zu surfen und den entfernten Verwandten in Kalifornien vom schlechten Wetter in Deutschland zu berichten. Aber eine Spielekonsole gibt es nicht.

»Warum spielt ihr nicht Topfschlagen?« Die Frage sorgt nicht nur beim computergeprägten Nachwuchs für Verwirrung. Auch die Erwachsenen blicken sich gegenseitig fragend an: »Topfschlagen? Wie war das noch mal?« Die Elterngeneration erinnert sich nur schwach an längst vergessene Kindergeburtstage und ihre Spiele.

Schon holt Oma einen Topf, einen Suppenlöffel und einen Schal. Sie verbindet Anna die Augen. Patrick, Wilma, Sven und Jens stellen den Topf irgendwo im Zimmer auf, und Anna muß jetzt mit dem Löffel den Topf suchen. Ein Riesenspaß! Später findet »die Reise nach Jerusalem« statt, es wird zwischen »Himmel und Erde« gehüpft und eine »blinde Kuh« geärgert. Ein unvergeßlicher Nachmittag!

Die vergessenen Spiele aus Omas Kindheit sorgen für eine rege Diskussion unter den Erwachsenen. Was haben wir sonst noch alles vergessen?

Was sollen wir spielen?

Mühle
Zwei Spieler bekommen jeweils 9 flache Steine in Schwarz oder Weiß. Auf dem Mühlebrett sind Linien gezogen. Jeder Spieler versucht, immer drei Steine auf dem Brett so auszulegen, daß sie eine Reihe bilden (das ist dann eine »Mühle«). Dann darf er dem Gegenspieler einen Stein abnehmen. Sind alle Steine gelegt, werden die Steine auf den Linien gezogen. Jeder Mitspieler bemüht sich, Mühlen zu bilden und dem Gegner die Möglichkeiten zu verbauen. Wer nur noch drei Steine hat, darf »springen«, wer nur noch zwei Steine hat, hat verloren.

Dame
In Deutschland, Österreich und der Schweiz hat das Spielbrett 8 x 8 Felder wie ein Schachbrett (international wird auf 10 x 10 Feldern gespielt). Jeder Spieler hat 12 flache Steine in Schwarz oder Weiß. Die Spielsteine werden diagonal gezogen. Ziel ist es, auf die andere Seite des Brettes zu gelangen. Erreicht ein Stein die gegnerische Grundlinie, wird er zur »Dame« und bekommt einen zweiten Stein obendrauf gesetzt. Als Dame darf der Stein vorwärts, rückwärts und beliebig weit ziehen. Es gilt, den Gegner zu blockieren und ihm Steine abzunehmen (z.B. wenn er übersprungen wird).

Murmeln
... sind kleine Kügelchen aus Glas: Beim Grübchenspiel wird in ein kleines Loch gezielt. Bei einer anderen Spielart geht es darum, die Murmeln möglichst nah an ein Ziel zu kollern oder eine andere Murmeln zu »kicken«, d.h. zu berühren. Man bekommt die Murmel, die man angekickt hat.

Hänschen, piep mal
Einem Kind werden die Augen verbunden, die anderen sitzen auf Stühlen im Kreis. Jetzt setzt sich das »blinde« Kind bei irgend jemandem auf den Schoß und sagt: »Hänschen, piep mal.« Dann muß es den Namen des Kindes raten, das da gepiepst hat. Hat es richtig geraten, ist das »Hänschen« als nächstes dran und

bekommt die Augen verbunden. Wurde falsch geraten, muß das Kind in den Kreis zurück und weiterraten.

Blinde Kuh
Einem Kind werden die Augen verbunden. Es muß nun auf begrenztem Raum versuchen, die anderen Mitspieler zu berühren. Wer von der »blinden Kuh« berührt wird, ist an der Reihe und bekommt als nächster die Augen verbunden.

Ich sehe was, was du nicht siehst!
Wer dran ist, sucht sich im Raum irgendeinen Gegenstand aus und sagt nur die Farbe. »Ich sehe was, was du nicht siehst, und das ist blau!« Ist es das Kleid von Oma? Der Teller auf dem Tisch? Die Figur auf der Fensterbank? Wer den Gegenstand richtig rät, ist als nächster dran.

Himmel und Hölle
Für das Hüpfspiel muß man elf Kästchen mit Kreide auf den Asphalt malen. Unten ist die »Erde«, dann kommen die Kästchen eins bis acht, oben sind »Himmel« und »Hölle«. Man wirft ein Steinchen in das »Erde«-Feld und springt mit beiden Füßen ins Kästchen. Der Stein muß dabei ins nächste Feld gestoßen werden – nur in die »Hölle« darf er nicht. Wer zuerst im »Himmel« war und wieder auf die »Erde« zurückgekehrt ist, hat gewonnen.

Gummitwist
Zwei Spieler legen sich ein dickes Gummiband um die Beine und stellen sich etwa anderthalb Meter auseinander. Ein drittes Kind muß nun mit den Beinen auf die Gummiseiten springen, nach innen und nach außen hüpfen. Es gibt unterschiedliche Schweregrade (von »Erster« bis »Sechster«). Bei »Erster« liegt das Gummiband auf Knöchelhöhe der Mitspieler, dann auf den Waden, den Kniekehlen – bis es bei »Sechster« auf Pohöhe gespannt wird.

Reise nach Jerusalem
Wenn zehn Kinder mitspielen, müssen neun Stühle im Kreis aufgestellt werden. Alle Mitspieler laufen nun um die Stühle herum,

während Musik spielt. Wenn die Musik abgestellt wird, muß jeder schnell versuchen, sich auf einen Stuhl zu setzen. Der Spieler, der keinen Sitzplatz gefunden hat, scheidet aus. Es wird so lange immer ein weiterer Stuhl aus dem Spiel genommen, bis ein Spieler als Sieger übrigbleibt. Wer gewonnen hat, darf die Musik bedienen.

Topfschlagen
Irgendwo im Raum werden unter einem Topf Süßigkeiten versteckt. Dann darf der Topf nicht mehr bewegt werden. Draußen werden einem Mitspieler die Augen verbunden. Das Kind muß jetzt mit Hilfe eines Kochlöffels versuchen, den Topf zu finden. Hat es den Topf gefunden, muß es mit dem Löffel kräftig auf den Topf schlagen. Die anderen Kinder helfen mit Tips, indem sie »kalt« oder »heiß« rufen. Kalt heißt: »Du bist ganz weit weg.« Heiß bedeutet: »Ganz nah dran.« Ist der Topf gefunden, darf das Kind die Süßigkeiten behalten.

Fangen
Mit einem Abzählreim wird ausgezählt, wer der Fänger ist. Die anderen laufen weg. Wer vom Fänger berührt wird, ist der nächste Fänger.

Verstecken
Alle Kinder verstecken sich, ein Kind muß suchen. Es gibt allerdings einen Ort – vielleicht ein Baum oder eine Wand –, wo man sich »freischlagen« kann. Wer suchen muß, dreht den anderen Kindern den Rücken zu und zählt beispielsweise bis 20. Es gibt auch spezielle Abzählreime für das Versteckspiel. Dann dreht sich der Sucher um. Wenn ein Kind entdeckt wird, rennt der Suchende schnell zum Baum zurück und ruft den Namen des Kindes, das er gesehen hat: »Eins, zwei, drei – Anna!«
Sind alle Kinder gefunden, wird wieder jemand bestimmt, der suchen muß.

Teekesselchen
Ein Teekesselchen ist ein Begriff mit zwei Bedeutungen, z.B. Bank (Sitzbank) und Bank (Bankinstitut). Ein Spieler denkt sich einen Begriff aus und gibt Tips zu beiden Wörtern: »Mein Tee-

kesselchen ist aus Holz, hat ganz viel Geld ...« Wer das Teekesselchen geraten hat, ist als nächster dran.

Stille Post
Die Spieler sitzen im Kreis. Ein Kind denkt sich ein Wort aus und flüstert es seinem Nachbarn ins Ohr. Der Mitspieler muß genau das weitersagen, was er verstanden hat. Der letzte Spieler muß laut sagen, was er verstanden hat.

Armer schwarzer Kater
Alle sitzen im Kreis und versuchen, so ernst wie möglich zu sein. Ein Kind ist »schwarzer Kater« und muß jemanden aus dem Kreis irgendwie zum Lachen zu bringen. Dabei kann es wie ein Kater schnurren, sich wälzen oder fauchen. Wer lacht, ist der nächste Kater.

Abnehmspiel
Man legt sich einen zusammengebundenen Faden über die Handrücken und bildet mit den Fingern unterschiedliche Figuren. Ein Mitspieler kann die Figuren vorsichtig »abnehmen«, indem er mit den Spitzen von Daumen und Zeigefinger in die Figur greift, ohne sie zu zerstören, und dann wiederum eine neue Figur bildet. Die einzelnen Figuren haben Namen wie »Schlafender Bär« oder »Matratze«. Ziel ist es, möglichst viele Figuren zu bilden.

Und so geht es: Zuerst wird der Faden um beide Handrücken gelegt, die Daumen werden nicht erfaßt. Dann schlüpft man erst mit der einen, dann mit der anderen Hand von außen unter dem Faden durch, so daß um jede Hand eine Schlaufe gelegt ist.

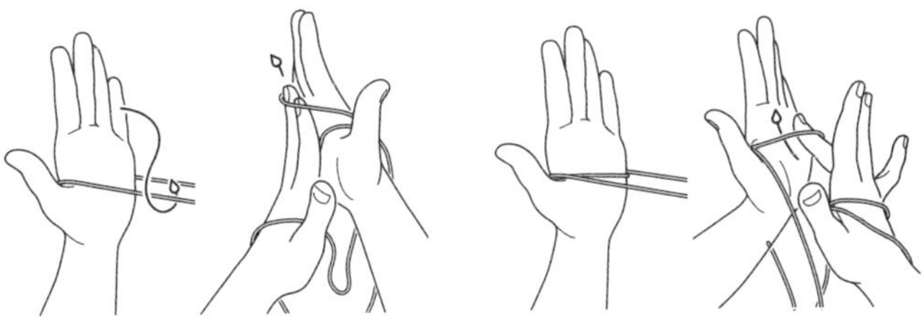

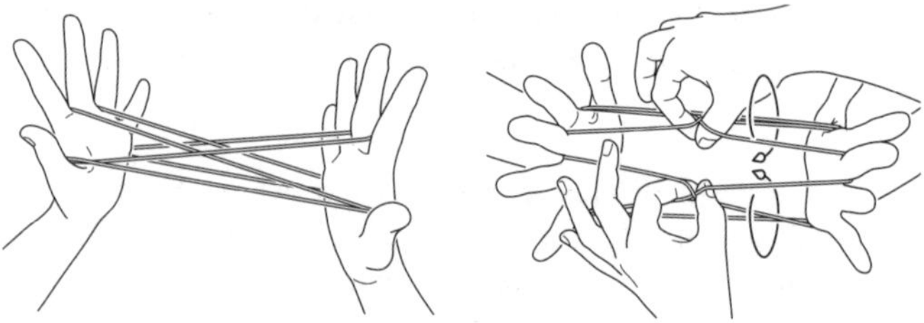

Mit den Mittelfingern holt man sich jeweils den um die Hand gewickelten Faden der gegenüberliegenden Hand.

Nun ist der zweite Spieler dran: Mit Daumen und Zeigefinger faßt er das Fadenkreuz, hebt es über die äußeren Fäden und taucht von unten in die Fadenmitte, wobei er gleichzeitig den Faden von den Händen des Mitspielers abnimmt. Das Ergebnis ist die erste Figur: die »Matratze«.

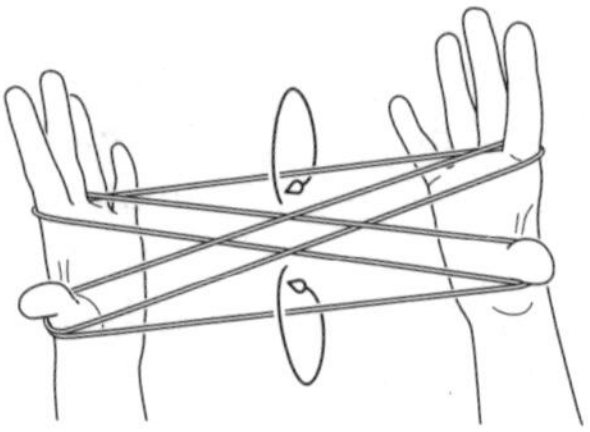

Der erste Spieler greift jetzt wieder mit Daumen und Zeigefinger je ein Fadenkreuz, zieht es nach außen und schlüpft von unten in die Mitte der Fäden, wobei er gleichzeitig den Faden von den Händen des Mitspielers abnimmt. Wenn die Fäden nun gespannt werden, ergibt sich die nächste Figur: der »Spiegel«.

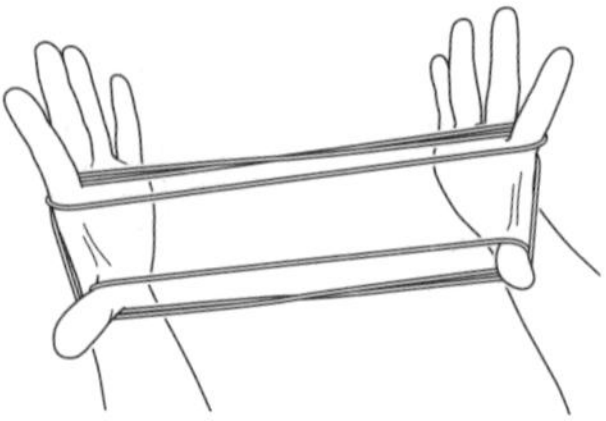

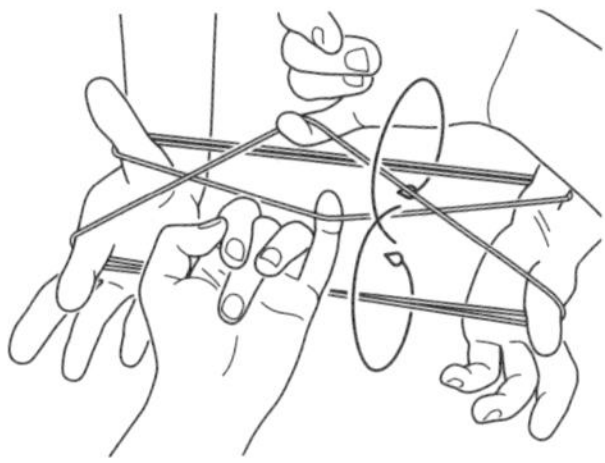

Der Mitspieler übernimmt, indem er seine kleinen Finger jeweils in einen der beiden mittleren Fäden einhakt und sie über die Außenfäden zieht, so daß sich ein Dreieck bildet. Dann greift er mit Daumen und Zeigefinger von oben in das Dreieck hinein

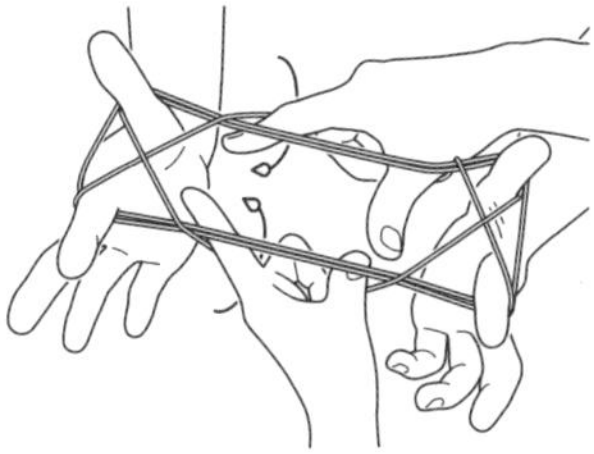

und unter den nächsten Fäden durch ins mittlere Loch. Wenn er jetzt den Zeigefinger nach oben streckt, entsteht wieder eine neue Figur: die »Wiege«.

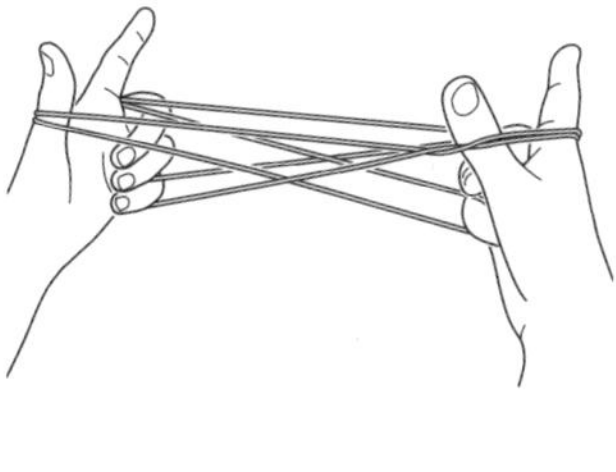

Auf diese Weise können durch wechselseitiges Abnehmen immer neue Figuren gebildet werden.

Ditschen (Steinehüpfen)
Man nimmt einen flachen Stein und wirft ihn so flach wie möglich über die Oberfläche eines Sees, so daß der Stein nicht versinkt, sondern möglichst oft »aufditscht«, also von der Wasseroberfläche abprallt und weiterhüpft. Wer die meisten »Ditscher« erreicht, hat gewonnen.

Abzählreime

Ich und du,
Müllers Kuh,
Müllers Esel,
das bist du!

Ene mene muh,
und raus bist du.

Eine kleine Mickymaus
zog sich mal die Hose aus,
zog sie wieder an,
und du bist dran!

Eins, zwei, drei, vier, fünf, sechs, sieben,
wo ist meine Frau geblieben?
Ist nicht hier, ist nicht da,
ist wohl in Amerika!
Ene mene meck, und du bist weg!

Ringel rangel Rose,
Butter in die Dose,
Butter in den Speck,
und du bist weg!

Ene mene Miste,
es rappelt in der Kiste,
ene mene meck, und du bist weg!

Ene, mene muh, und raus bist du!
Raus bist du noch lange, lange nicht,
sag mir erst, wie alt du bist.
1, 2, 3, 4, 5 …

Eins, zwei, Papagei,
drei, vier, Offizier,
fünf, sechs, alte Hex,
sieben, acht, neun, zehn,
und du mußt gehn.

Abc,
die Katze lief im Schnee.
Als sie wieder rauskam,
hatt' sie weiße Stiefel an,
dann lief sie durch den Dreck,
und du bist weg.

Eichen, Buchen, Tannen,
und du mußt fangen.
Eichen, Tannen, Buchen,
und du mußt suchen.

Es war ein Männlein,
das kroch in ein Kännlein,
das kroch wieder raus,
und du bist raus.

Eins, zwei, drei, vier, fünf, sechs, sieben,
in der Schule wird geschrieben,
in der Schule wird gelacht,
bis der Lehrer pitschpatsch macht.
Eins, zwei, drei, vier, fünf, sechs, sieben,
eine alte Frau kocht Rüben.
Eine alte Frau kocht Speck,
und du bist weg.

Auf dem Berge Sinai
wohnt der Schneider Kickriki.
Schaut mit seiner Brille raus:
Eins, zwei, drei,
und du bist raus!

Käfer, flieg ins Bäckerhaus,
hol ein' Korb mit Kuchen raus.
Mir ein', dir ein', und du sollst raus sein.

Zehn Zigaretten hüpfen in die Betten,
hüpfen wieder raus,
und du bist aus.

Eins, zwei, drei, vier, fünf,
der Storch hat keine Strümpf',
der Frosch hat kein Haus,
und du mußt raus.

Eins, zwei, drei,
auf der Stiege liegt ein Ei,
wer darauf tritt,
spielt nicht mehr mit.

War 'ne feine Dame,
die kratzt sich am Arme,
die kratzt sich am Po,
such du den Floh.

Eins, zwei, drei, vier, fünf, sechs, sieben, acht,
Kaspar hat so laut gelacht,
daß im Haus der Balken kracht.
Das Haus fällt ein,
und du mußt es sein!

Meine Lieblingsspiele und -zählreime

Dank

Herzlichster Dank gebührt all jenen Omas, welche nicht nur aus der ganzen Erfahrungsfülle ihres Lebens berichteten, sondern auch einen Teil ihres Wissens weitergegeben haben. Omas und Uromas, die allerlei Tips und Tricks für den Haushalt parat hatten, Lieblingsrezepte aufschrieben, erzählten, wie sie Kinder, Enkel und Urenkel mit allerlei Spielen beschäftigten, über ihre Lieblingslieder und -gedichte berichteten und es so erst möglich machten, das (fast) verlorene Wissen zusammenzutragen und für all jene zusammenzustellen, die Nützliches und Schönes aus der guten alten Zeit in unsere heutige Welt hinüberretten wollen.

Besonderer Dank gilt den Omas Johanna Barendregt, Roswitha Böker, Roswitha Lilian Hutter, Mina Lang, Louise Mast, Erika Scholz und Dr. Renate Schukies. Herzlich danken wir auch all jenen, die mit vielfältigem Rat bei der Auswahl von Themen aus der Fülle von Informationen halfen und so auch mit dazu beigetragen haben, so manches alte Wissen der heutigen Zeit und ihren Bedürfnissen anzupassen. Dazu gehören Pfarrer Klaus K. Alefelder, Katholische Kirchengemeinde St. Elisabeth, Hamburg; Pfarrer Hans-Jörg Eiding, Evangelische Michaelsgemeinde, Waiblingen; Otto Geisel, Patron des »L'Art de Vivre Hotel Victoria«, Bad Mergentheim, Geschäftsführer der Deutschen Akademie für Kulinaristik und Vorsitzender von Slow Food Deutschland; Dr. Stefan Rösler, Naturschutzbund Deutschland.

Für vielfältige Hilfe gilt außerdem herzlicher Dank Martina Belli Ackermann, Elke Böder, Monika Haag, Carolyn Christiane Hutter, Ilse Koller, Ingrid G. Kunz und Wolfgang Lang. Besonderer Dank gilt außerdem allen, die an der Gestaltung und Herstellung des Buches beteiligt waren.

Zu den Autoren

Eva Goris, Jahrgang 1956, hat als kleines Mädchen mit ihrer Oma nicht nur Kräuter und Beeren gesammelt und dadurch früh ihre Liebe zur Natur entdeckt. Erst später hat sie erkannt, welch wertvolles Wissen sie dabei erworben hat, ein Wissen, das heute immer mehr verlorengeht. Seit 1990 ist sie Ressortleiterin Umwelt bei der *Bild am Sonntag,* Autorin zahlreicher Wissenschaftsserien wie »Tatort Tierfabrik«, »Besser essen« u. a. m. Für ihr Engagement rund um das Thema Ernährung und Gesundheit wurde ihr von der Deutschen Gesellschaft für Ernährung der Journalistenpreis 2004 verliehen; 2005 wurde Eva Goris mit dem Umwelt-Medienpreis ausgezeichnet. Vor ihrer Tätigkeit für *BamS* war sie Pressesprecherin von Greenpeace Deutschland.

Claus-Peter Hutter, geboren 1955 in der Schillerstadt Marbach am Neckar, studierte Verwaltungswirtschaft. Schon in seiner Kinderzeit war er von alten Gerätschaften und blumenbunten Bauerngärten begeistert. Heimat- und Freilichtmuseen zogen ihn ebenso magisch an wie alte Speicher und Omas Kräutergarten. Im Lauf der Zeit stellte der Autor zahlreicher Publikationen zu Natur-, Umwelt- und Verbraucherthemen fest, daß zunehmend traditionelles Wissen über Ernährung, Natur und Brauchtum in unserer Gesellschaft schwindet. Deshalb setzt er sich auch als Leiter der Umweltakademie Baden-Württemberg und bei seinem ehrenamtlichen Engagement als Präsident der internationalen Umweltstiftung Euronatur für die Bewahrung des Alltagswissens als lebendiges Kultur- und Naturerbe ein.

Register